SİNAN ERGİN
live alive

CANLI YAŞA

hayatın, işin ve sen nasıl canlanır?

DESTEK YAYINLARI: 996
KİŞİSEL GELİŞİM: 171

SİNAN ERGİN / CANLI YAŞA

İmtiyaz Sahibi: Destek Yapım Prodüksiyon Dış Tic. A.Ş.
Genel Yayın Yönetmeni: Ertürk Akşun
Editör: Esen Güray
Kapak Tasarım: İlknur Muştu
Sayfa Düzeni: Cansu Poroy

Destek Yayınları: Eylül 2018 (2.000 Adet)
3. Baskı: Ekim 2018
4. Baskı: Kasım 2018
5. -6. Baskı: Ekim 2019
7. Baskı: Kasım 2020
8. Baskı: Ekim 2021
9. Baskı: Mayıs 2022
10. Baskı: Mart 2023
11.-12. Baskı: Mayıs 2023
13.-17. Baskı: Haziran 2023
18.-19. Baskı: Eylül 2023
20.-21. Baskı: Ekim 2023
22.-23. Baskı: Kasım 2023
24.-26. Baskı: Aralık 2023
27.-29. Baskı: Ocak 2024
30.-32. Baskı: Nisan 2024
33.-34. Baskı: Ağustos 2024
35.-36. Baskı: Eylül 2024
37.-38. Baskı: Ocak 2025
39.-40. Baskı: Nisan 2025
41.-42. Baskı: Temmuz 2025
43.-44. Baskı: Ağustos 2025
45.-47. Baskı: Eylül 2025
Yayıncı Sertifika No. 43196
ISBN 978-605-311-441-3

Abdi İpekçi Caddesi No. 31/5 Nişantaşı/İstanbul
Tel. (0) 212 252 22 42 – Faks: (0) 212 252 22 43
www.destekdukkan.com – info@destekyayinlari.com
facebook.com/DestekYayinevi
twitter.com/destekyayinlari
instagram.com/destekyayinlari

Deniz Ofset – Çetin Koçak
Sertifika No. 77699
Maltepe Mahallesi
Hastane Yolu Sokak No. 1/6
Zeytinburnu / İstanbul
Tel. (0) 212 613 30 06

SİNAN ERGİN
live alive

CANLI YAŞA

hayatın, işin ve sen nasıl canlanır?

İÇİNDEKİLER

ÖNSÖZ

Acı, keder, sıkıntı ve daha birçok olumsuz duygu insanın gelişimi için yıllarca kullandığı çözüm araçları olmuştur. Doğrudur ve gerçek bir dönüşüm sağladığı durumlar da olmuştur. Ancak insanın bağımlılık hastalığı, bu sefer acı olmadan var olamayacağına dair bir inanca dönüşmüştür.

Şimdi insan bir karar vermelidir.

Değişim sürecinde acıya ihtiyaç duymadan da var olabileceğini anlayabilmelidir.

Şimdi kendisine sormalıdır:

"Acıya ihtiyaç olmadan bireysel bir dönüşüm yaratabilir mi?" Evet yaratabilir!

Aksi takdirde dönüştüğü ve var ettiği sadece acı içindeki oluşumlar olacaktır. İnsan gözlemleme içinde, gözlemci olmadan sevgi ve anlayışı bulabilmelidir. Bu keşfetme aşkı, yüksek bir tutkuyu ve sevgiyi anlamasını sağlayacaktır. Bu yeni bir oluşumdur. Ve bu oluşum, insanı birey haline getirecek, yani özüne döndürecektir.

Bu kitap güzel mesajlar içeren yazılardan ya da iyi niyet içeren sözlerden ibaret değildir. Kendini seven bireylerin sorumluluğu içinde kelimelere dökülmüş gerçeklerdir.

12 Nisan 2016

ÖZGÜR MÜSÜN?

Özgür olmak ne demek?

Özgürlük denince insan daha çok dış dünyadaki ve yaşamındaki ortamları düşünmektedir. Halbuki kişi ıssız bir adada dahi yaşıyor olsaydı özgür olabilir miydi? Acaba maddi olarak her türlü imkâna sahip olsaydı o zaman özgür olabilir miydi?

Özgürlük dışsal olsaydı eğer, bence özgür olmak çok zor olmazdı. Ama insan içsel dünyasında ve düşüncelerinde özgür olmadığında, dış dünyasında da özgür olması mümkün olmayacaktır. *Zihninde yaratmış olduğu limitli hapis hayatını dış dünyada da inşa edecektir.* Sizce de öyle değil mi?

Hadi bir kere düşünelim. Özgürlüğümüzü engelleyen şeyler nelerdir? En azından üç tanesini düşünmenizi istiyorum. Eğer hayatınızda bunlar olmasaydı neler yapmak isterdiniz? Hemen aklımıza üçüncü şahıslar, dış dünyadaki olaylar veya maddesel problemler gelmiştir. Öyle değil mi?

Şimdi yeniden sormak istiyorum, Gerçekten bu olayların veya kişilerin sizi engellediğine emin misiniz? Madem bunların olmadığı bir ortamda güzel bir hayatınız olacak; o zaman ne bekliyorsunuz?

Dış dünyadaki her oluşumu var eden, her somutu oluşturan soyut bir kavram olmalı... Ancak soyut kavramlar somut olayları oluşturabilir. Eğer korkuyorsanız, bu soyut kavram, dış dünyada korkacak bir şeyleri var edecektir. Bu yüzden sizi engellediğini düşündüğünüz kişilerin ve olayların soyut kavramda neyi temsil ettiğini anlamamız lazım.

Bir örnek daha vermem gerekirse: Dışarıda sizi kızdıran, üzen veya size düşmanlık yaptığına inandığınız birileri varsa dikkatle gözlemleyin. Neden kızıyorsunuz?

Kızdığınız, üzüldüğünüz her şey kendinizle özdeşleştirdiğiniz, tanımladığınız bir şeye aittir ve bu soyut bir kavramdan kaynaklanmaktadır. Kişi kendisini özdeşleştirdiği bu kavramlardan kurtulmadığı sürece; dış dünyadaki olay ve kişileri değiştirmeye çalışsa da sonuç (anlık başarılar haricinde) hiçbir zaman değişmeyecektir.

Bu sebeple ***Live Alive*'ın ana özelliği sorunların kökenine inerek tamamıyla ortadan kaldırmak ve bir daha tekrar etmemesini sağlamaktır.**

Kişi kendisini tanımlamak istediği zaman acaba neden bir şeylerle özdeşleştirir? Bulunduğu ülke, tuttuğu takım, çalıştığı şirket, inançları veya başarıları ile kendisini özdeşleştirir. Örneğin ben kendimi iyi bir eğitmen, iş sahibi veya başarılı bir yazar olarak tanımladım diyelim ve siz bu kitabı hiç beğenmediniz. O zaman benim reaksiyonum ne olur? Üzülebilirim, kızabilirim, size kırılabilirim veya egosantrikçe sizin bu kitabı hiç anlamadığınızı söyleyerek size karşı çıkabilirim, sizinle çatışabilirim. Bütün bu reaksiyonlarım kendimi bir şey ile özdeşleştirmekten kaynaklanmaktadır. Öyle değil mi? Acaba neden bu özdeşleşmeye ihtiyaç duyuyorum? Eğer buna ihtiyaç duyuyorsam, özgür olduğumu söyleyebilir miyim? Bu herkes için böyledir ve özdeşleşmeye ihtiyaç duyulması normaldir diye düşünebilirsiniz. Ama bilin ki bu normal görünen durumu devam ettirecek olsaydık ne bu kitaba ne de *Live Alive*'a gereksinimimiz olurdu.

Gözlemlemeye ve sorgulamaya devam edelim. İnsan beğenmediği bir huyunu, karakterini veya dış dünyada yaratmış olduğu hayatını değiştirmek isterse; bunu nasıl gerçekleştirebilir? Neye ihtiyaç duyar? Değiştirmek istediği konuyla ilgili yeterli bilgi ve tecrübesi olması acaba değişim için yeterli midir? Bence değil...

Çok istemesi veya yanlış olduğunu fark etmesi de o şeyi değiştirmeyecektir. Hatta çok bilgili olması da, bir nebze bile değişime imkân sağlamaya yeterli olmayacaktır.

Örnek mi? Sigara içenler... Sağlığa zararlı olduğu bilgisine sahipler, fakat buna rağmen içmeye devam ediyorlar. Çoğu sigarayı bırakmak ister; hatta bunun için uğraşmış ve istekli de olmuşlardır. Ama ne yazık ki çoğunluk başarılı olamamıştır. Demek ki bilgili olmak, istemek ve çabalamak yeterli olmamaktadır. Bu yüzden *Live Alive* kesinlikle bir bilgi değildir. Bu önemli konuyu anlamadan ve fark etmeden *Live Alive* tekniğini içselleştirmemiz ve hayatımızda uygulamaya almamız imkânsız olacaktır. Çünkü *Live Alive* isminden de anlaşılacağı gibi Canlı Yaşamak'tır.

Peki, canlı olmak, canlı yaşamak ne demektir?

Bu satırları okuduğunuza göre; çalıştığınıza, evlendiğinize ve çocuk yaptığınıza göre; eminim ki hepiniz canlı olduğunuzu söyleyeceksiniz. Öyle değil mi?

Fakat sorumun bunlarla hiç ilgisi yok. Eminim siz de fark etmişsinizdir. Şimdi yeniden kendinize sorun...

Canlı mısınız?

Özgür müsünüz?

Sizce özgür olmayan biri canlı mıdır?

Eğer içinizden hayır diye bağırmak geldiyse, şimdi canlanmaya başlıyoruz. Beraberce çalışmaya hazırız demektir. Şimdi çok daha derinden inceleyelim.

Bu buluşmamız seninle benim beraberce her şeyi sorguladığımız ve gerçeği beraberce aydınlığa çıkardığımız bir oluşum olacaktır.

Bu kavramları incelemeye başladığımıza göre özgürlüğümüzü engelleyen, bizi durduran nedir? Ona bakalım...

Tabii ki düşüncelerimiz. Dikkatini ver, çok önemli bir soru daha sormak istiyorum. Bizi beynimiz mi yönetiyor? Tabii ki bütün bedenimizi olduğu gibi bizi beynimiz yönetiyor. Beynimiz bizi yönetirken, beynimizin de var olmasını sağlayan; var ettiği düşüncelerdir. Bu düşünceler geçmişten edindiğimiz tecrübeler, gördüklerimiz, yaşadıklarımız, okuduklarımız, edindiğimiz bilgiler, öğretilenler... Hatta duygusal yollarla edindiğimiz duygusal hafızamız.

Buradan da anlaşılacağı gibi beyin her daim geçmişte yaşamakta. Geçmişte yaşayan beyin hiçbir zaman yeniyi, yepyeniyi var edemeyecektir. Sizce de öyle değil mi? Ve hiçbir zaman yeni, taze ve canlı bir şey yaratamayacaktır. Çünkü geçmiş eski, yaşanmış ve ölüdür. Beyin geçmiş dediği bu olguya bağımlıdır. Neden bağımlıdır? Şimdi size bir soru daha sormak istiyorum.

Bir kadın on yıl boyunca düzenli olarak her akşam eşinden dayak yiyorsa sizce güvende midir? Bazılarınızın hayır dediğini duyar gibiyim. Peki, o zaman onuncu yılın sonunda eşi bir gün eve çiçeklerle gelse ve "Hayatım bu akşam dışarda yemek yiyelim" dese; acaba kadın şimdi güvende midir? Çok büyük bir ihtimalle kendini güvende hissetmeyecek ve acaba bana ne yapacak diye korkacaktır.

Sizce de öyle değil mi?

Hatta bu kadını kurtarmak isteseniz, çık bu evden, boşan kurtar kendini deseniz; hatta kendisi de bunu kabul etse bile, sizin de bildiğiniz gibi ne yazık ki o evi terk etmeyecek, o hayatı bırakmayacaktır. Çünkü bu onun on yıldan beri bildiği, ne ile karşılaşıp karşılaşmayacağını tecrübe ettiği, yani kendini güvende hissettiği bir hayattır. Çünkü beyin geçmişte yaşadıklarına son derece bağımlıdır ve güvenlik ister.

Kötü olduğunu bilmesine rağmen, eğer düzenli ise; yani rutin ise bu bağımlılığını bırakmayacaktır. Beyin için iyi ya da doğru olması önemli değildir, bildiği yerde olmak onu güvende hissettirir. Yani o geçmişe bağımlıdır, bağımlılık onun için güvendir.

Yine sormak istiyorum; bu beyin, bu kişi canlı mıdır?

Özgür müdür?

Şimdi aynı soruyu hayatlarınızı gözlemleyerek ve kendi yaşamınıza bakarak, kendinize sormanızı istiyorum. Hiç kızmayın, kendinizi haklı çıkarmaya çalışmayın, kendinizi motive etmeye de çalışmayın çünkü buluşmamızın ana nedeni bu gözlemi yapabilmek ve *Live Alive* ile bütün bağımlılıklarımızdan özgürleşmektir. Beraberce ilerleyelim.

İnsanın en büyük bağımlılığının sigara ve alkol gibi alışkanlıklar değil de; düşünceler olduğunu fark ettiniz mi?

Düşüncelerimize çok bağımlıyız, onlarsız yaşayamıyoruz. Beynimizde bağıran bir yığın kelimeler ve cümleler; kendi içinde çatışan düşüncelerimiz ve kendi düşündüğüyle kavga eden bir beynimiz olduğu sürece sizce enerjik ve canlı olmak mümkün mü? Doğruyu ve gerçeği fark edebilmemiz mümkün mü?

Mesela bu beyin bize diyet yapmamızı söyler... Hiç diyet yaptınız mı? Dikkat ederseniz hep karın tokken diyet yapma kararı alınır. Ve genellikle diyete başladıktan 3-5 saat sonra eve gelip dolabın kapağını açarsınız ki en sevdiğiniz tatlı size bakıyor. Birkaç saniye yiyip yemeyeceğinizi düşünürsünüz, sonra kararlı bir biçimde buzdolabının kapağını kapatırsınız ve içeri geçip oturursunuz. Peki, şu anda tatlı neredeydir?

Sizce hâlâ dolapta mı? Çoktan beyninize girmiştir. Diyet yapma kararı alan beyinle, hadi bugün boz yarın başlarsın diyen beyin aynı beyin. Yani aynı beyin hem diyet yapmanı söylerken hem de tatlıyı yemeni söylüyor. Peki, sen ne yapacaksın?

Unutma bu beyin senin yöneticin. Eğer önce diyet yap diyen, sonra hadi boz, yarın başlarsın diyen bir yöneticiniz varsa; nasıl bir hayatınız olacağını tahmin edebilirsiniz. Devamlı ikilem, çatışma ve kararsızlık içinde kalan biri olacaksınız. Eminim ki hayatınızda buna benzer olaylar yaşıyorsunuzdur.

Evet, şimdi ne yapacaksınız?

Beyin zaten kendi iç dünyasında sağ beyin, sol beyin, bilinçaltı, bilinçüstü diye birçok bölüme ayrılmış durumda. Mantık, duygusallık, alışkanlık, bilinçaltı yönlendirmeleri... Bu kargaşa ve çatışma içerisinde nasıl bir hayatın olabileceğini gözlemleyebiliyor musun?

Birazdan bir düşünce üretecek, "tatlıdan küçük bir parça kopar ne olacak ki bozulmaz, zaten kaç kalori" diyeceksin. İşte bu da mantık! Ve buzdolabına gidip bir parça alacaksın. Bir parça yedikten sonra beyin hücrelerin glikozun vermiş olduğu mutlulukla coşmaya ve mantık yavaş yavaş yok olmaya başlayacak.

Bunun sonucunda "Bir tatlı yiyemiyorsam niçin yaşıyorum, yarın başlarım" diyerek dolaba gideceksin ve tatlının hepsini saniyeler içerisinde bitireceksin. Şimdi rahatladın, içeri gidip oturduğunda hâlâ büyük bir rahatlık içerisindesin. Fakat bu rahatlık üç dakikada son bulacak. Neden mi? Sen biliyorsun...

Aynı beyin bu sefer de "Neden yedin?" diyecek. Biraz önce ye diyen beyin, şimdi yediğin için kızmaya başlayacak.

İşte bu insanlığın hayatı... Senin-benim hayatımız... Şimdi yine sormak istiyorum:

Özgür müsün?

Canlı mısın?

İnsan alışkanlıkları ile kendini limitlendirir
Öğrenmiş oldukları ile sınırlar koyar
Yaşadıkları ile dünyasını oluşturur
Beraberliklerini sevgi;
Gözleri ile gördüklerini gerçek sanır
Göremediği ve korktuğu her şeyi de inanç haline getirir
İşte! İnsan bu yüzden hiçbir zaman gerçek anlamda
bir dönüşüm yaşayamaz
Çünkü dönüşümü de umut denilen hayal dünyasına bırakmıştır
Şimdi bunları fark ettiysen karar vermelisin.

KORKUN VAR MI?

Korkun varsa özgür müsün?

Beynin kendi yarattığı şeye bağımlı hissettiğini ve bu sayede de kendisini güvende hissettiğini gözlemlemiştik. Ama aynı beyin bu sefer de bağlandığı ve kendisini güvende hissettiği şeyler için "Ya kaybedersem?" diyerek müthiş bir korkuya kapılacaktır. Eminim sahip olduğunuz şeyleri, sevdiklerinizi, bankadaki paranızı, işinizi kaybetme korkusunu siz de yaşamışsınızdır.

İzleyebiliyor musunuz?

Şimdi yine güvende değiliz...

Beyin güvende olmak için bağımlı olmaya ve rutine ihtiyaç duyarken şimdi de bağımlı olduğu şeyleri kaybetmekten korkarak yeni bir güvensizlik duygusunu sizlere yaşatmaktadır. Unutmayın bu beyin sizin yöneticiniz ve hayatınızı yönetiyor. Halen yöneticiniz olmasını istiyor musunuz?

Korku ve bağımlılıkla arasında görünmeyen ciddi bir bağ var. Acaba korku nereden kaynaklanır? Aslında korkuya çok fazla değinmek istemiyorum. Yıllarca bu konu hakkında sayısız eğitimler verdim. Ama *Live Alive* sayesinde artık bu konu hakkında çalışmaya gerek kalmayacağını siz de fark edeceksiniz. Yine de *Live Alive*'a başlamadan önce korkuyu bir parça daha gözlemlememiz faydalı olacaktır.

Buraya kadarki çalışmamızda fark etmişsinizdir ki özdeşleşme ve bağımlılık korkunun ana nedenlerini oluşturmaktadır. Şimdi size bir soru sormak istiyorum.

Lütfen düşünün... Korkunun olmadığı herhangi bir eylem var mıdır?

Yemek yemek, çalışmak, evlenmek, çocuk yapmak...

Daha derinden sorgularsanız bütün bu eylemlerimizin temelinde çok ciddi bir korkunun yattığını göreceksiniz.

Sizin için bu konuyu biraz daha açmak istiyorum. Tüm dikkatinizi buraya verin. Bu, hayatınız için çok önemlidir. Katılmayın! Hak vermeyin! Kabul de etmeyin! Sonuna kadar benimle beraber sorgulayın.

Korku var olabilmek için birçok şeye tutunur. Özellikle de korkuyu var eden düşüncelere... Parasızlık, işsizlik, sevdiğin kişinin seni aldatması veya terk etmesi, hayattaki kayıplarınız... Korku, bunlar ve benzeri birçok şeye tutunur.

Parasızlık sorununu çözseniz, bu sefer de paranızı kaybetmekten korkacaksınız. Bunu da çözseniz bu sefer sevdiğiniz insanları kaybetmekten korkacaksınız. Bunu çözseniz bu defa da yaşlanmaktan korkacaksınız. En sonunda da en büyük korku olan ölümden korkacaksınız. Görüldüğü gibi korku şekil ve isim değiştirerek devam edecektir.

Bu yüzden ben korkunun kendisini çözmek istiyorum. Korkunun kaynaklandığı ve bağlandığı nedenleri değil!

İlk korkunun başladığı yer neresidir?

Birlikte inceleyelim.

Beyin enerji ile yani elektrik ile çalışır. Ve beyin yeterli enerji bulamazsa kendisini zayıf ve güvensiz hisseder. Bu düşük enerji veya bölünmüş enerjidir.

Dış dünyada buna negatif enerji derler. Fakat aslında enerjinin negatif hali yoktur, sadece düşük ve yetersiz hali vardır. Beyin yeterli enerji alamadığında veya enerjiyi yanlış kullandığında, gözlerle dış dünyaya baktığından, söz konusu düşük enerjinin nedenlerini de dışarıda arar.

İçsel gözü açılmamış olanlar, bunun farkında olamadıklarından dolayı, dış dünyada gördükleri olayların enerjilerini tükettiğini ve kendilerini negatif yaptığını düşünürler. Aynı şekilde düşük enerjiye sahip olan beyin, kendisini yetersiz hissettiği için bir şeye bağlanırsa bu sayede yeterli olacağına ve tamlığa ulaşacağına inanır.

Âdem'den bu yana insanlık ömürler boyunca hep bunu denemiştir. Sonuç ortadadır. İnsanlık dış dünyaya bağımlı olarak, her şeyin dış dünya tarafından yönetildiğine inanan zavallı bir köle halinde yaşamayı kendisine layık görmüştür.

Bu yaşam "korkakkeş" bir yaşam tarzıdır. Bir esrarkeşin bağımlılığından kurtulması için ne yaparlar, bilir misiniz? Onu bir odaya kapatarak günler boyunca sadece su verirler. Esrarkeş sonunda anlar ki esrar olmadan da yaşayabilmektedir. İşte o anda esrar bağımlılığından kurtulabilir. Fakat ne yazık ki "bağımlılıktan" kurtulamamıştır, büyük bir ihtimalle başka bir bağımlılıkla hayatını devam ettirecektir.

Yeterli enerjinin olmaması korkuyu doğurur.

İnsan, enerjisi yetersiz olduğunda korkuya kapılır. Ne doğum anı, ne yaşananlar, ne işsizlik, ne isteyip sahip olamamak, ne de kaybedilenler...

Bunların hiçbiri korkunun asli nedeni değildir. ***Psikolojik nedenler korkuyu oluşturmaz; aksine korku psikolojik nedenleri oluşturur.***

Tehlike korku değildir. İnsan tehlike içerisinde olabilir, yaşadığı çevre ve ortamlar tehlike yaratabilir. Ancak tehlike kesinlikle korku değildir. Çünkü tehlike şimdi, şu anda var olan bir olgudur. Eviniz yanıyorsa veya vahşi bir hayvan sizi kovalıyorsa o anda tehlikedesinizdir. Böyle bir anda vücut adrenalin salgılar. Bu, bedenin eyleme geçmesi için yayılan bir kimyasal salgıdır ve gereklidir.

Böyle bir durumda insan, beyinsel ve bedensel olarak çok yüksek enerjiye sahiptir. Hatta bu enerji hastaları bile yataktan kaldıracak; yaşlıları gençliğinde olduğu kadar çevik hale getirecek kadar yüksektir. Hepiniz bir tehlike yaşamış, tehlikeli bir ortamda bulunmuşsunuzdur. O anda ne kadar enerjik ve güçlü olduğunuzu bilirsiniz.

Tehlike zamansızdır ve tehlike anında düşünce üzerine yoğunlaşılmaz. Kişi hızlı bir karar ve hızlı bir eylem içindedir. Bir nevi meditasyon halindedir.

Fakat korku öyle midir?

Korku zaman kavramı içerisinde var olur. Zamansa düşüncedir. Korku, geçmiş ve gelecek içerisindeki düşüncelerin yaratmış olduğu bir olgudur, hayaldir.

Böyle bir durumda kişi bütün enerjisini olmayan veya olduğunu zannettiği düşüncelere, o düşüncelerin oluşturduğu başka düşüncelere harcar. Bu durum enerjiyi azalttığı gibi aynı zamanda kişinin içsel ve zihinsel boşluğunu da doldurur. Boşluk doldukça merkezle olan, yani boşlukla olan bağı kesilir. İşte korku budur...

Acaba insanın en büyük bağımlılığı neyle ilgilidir?
Kişi bağımlı olmaya bağımlıdır...
İnsan bir şeye bağlanmadan yaşayamayacağını sanır
Halbuki anlasa, bir kere anlasa...
Sırf bağımlı olduğu için canlı yaşayamadığını...
Hayat böyle mi olurdu?

En yenilmez düşman kişinin kendisi
En büyük zorluk beyniniz
Live Alive sizi limitsiz, bütün hücrelerinizi ölümsüz yapar
Ama içinizdeki düşman çok sinsidir
Dikkatinizi bilincinize verin...

SANA AİT OLMAYANLARI BIRAK

Arınma, "Fasting"

Bütün dinlerde hatta paganlarda bile oruç vardır. Orucun bedenen sağlığa katkısı olduğu gibi, en önemli faydası da kişinin rutinini kırmasıdır. Yemek yemeden duramam, kahve içmeden güne başlayamam diyen kişi oruç dönemi içerisinde bunların tümünü bırakır.

Yavaş yavaş değil. Bir anda bırakır. Bütün oruçlar niyetle başlar. Niyet söz vermektir. Aynı zamanda beyne emir vermektir. Kişi oruca başladığında hayatında ilk defa beynine hükmetmektedir. Sadece yemek yemeyerek ve su içmeyerek değil, tüm eylemlerini hatta ve hatta kötü düşüncelerini dahi müthiş bir farkındalık bilinci içerisinde yönetmektedir. Demek ki kişi kararlı olduğunda bedenini de, zihnini de, bütün düşüncelerini de, kendini de, yani kendim dediği her şeyi yönetebilme gücüne sahip olur. Ve ilk defa kendisinin lideri olur. *Live Alive* düşüncelerden arınmakla, düşünceyi ve beyni isteklerin doğrultusunda yönetebilmekle başlar. Beyin kararlı bir güç tarafından yönetilmeye başladığı an itibariyle orada müthiş bir teslimiyet, uyum ve ahenk oluşur. Ruhunuz; beyninizle, kalbinizle ve tüm bedeninizle müthiş bir ahenk ve bütünsellik içerisinde birlik oluşturur. İçsel dünyanızdaki sınırsız ve limitsiz yüksek enerji, bu enerjiyi maddeye döndüren ve uygulamaya alan beyinle birlik oluşturur. Aslında "problemlerin problemi" enerjinizin ölümsüz fakat beynin ölümlü olmasıdır... ***Bir yanda, enerjinin sınırsız ve limitsiz oluşu; ruhunuzun müthiş bir keşfetme aşkı ile dolması ve her daim yeniyi araması diğer yanda beynin sahip olduğu küçücük şeylere bağımlı kalması başka bir kavga nedenidir.***

Bu kavgadan kurtuluş ancak düşünceden arınmakla oluşur. Her sabah, öğlen ve akşam yemek yemen ve yemeden yaşayamayacağına dair inanışından özgürleş. Artık sana ait olmayan öğretilmiş alışkanlıklarından ve oluşturduğun bağımlılıklarından özgürleş. Nasıl mı? Niyet et ve kararlı ol! Ancak böyle çalışan bir zihin zekidir. ***Zekâ akıl değildir. Akıl bilginin yorumlanma kabiliyetidir.*** O yüzden akıllı ve bilgili insanlar hiçbir zaman, hiçbir şeyi değiştiremez. ***Zekâ yüksek enerji ile aklın buluşmasıdır.*** Yani enerji ile aklın buluşması zekâyı oluşturur. Bu dönüşüm yüksek enerji gerektirir. Bireysel dönüşüm ancak böyle sağlanır.

Live Alive bu içsel çatışmaların ve dışsal kavgaların sonu olacaktır.

İnsan neden çalışır? İş dünyası neden vardır?

Kişi üretmek ve var etmek için var olur. Bunun için yapılan eylem çalışmaktır. Üretmediğinizde yok olursunuz. Üretmek için kişinin özgür olması gerekir. Patron dahi olmanız özgür olduğunuzu göstermez. Özgür bir kişi bağımlılıklarından özgür olmalıdır. Bu yüzden para veya başarıya olan bağımlılık sizin özgürlüğünüzü engeller ve geriye korku içindeki kişi kalır. O da olmayana ulaşmak, olanı kaybetmemek için çalışır. Bu durumda yeni ve size ait özgür bir düşünce veya eylem oluşamaz. İnsan çalışmanın özünü kaybeder. Sonuç: Çalışmak köleliğe dönüşür. Kendini özgür sanman seni kırbaçlayanı seçmen kadardır. Bu da günü kurtarma kavgasıdır. İster patron ister memur olsun, özgür birey çalışırken de özgürdür!

Şimdi düşünün iş dünyası neden bu kadar negatif? Çünkü insanın en kolay ürettiği budur. İnsan içsel dünyasını fark etmediği sürece dış dünya ona devamlı öğretir. Bunun için iş dünyası gereklidir. İnsanın iç dünyasındaki gelişimlerini ve kendisini anlaması için iş dünyası önemli bir araçtır. Bu arenada başarının ölçüm sistemi sizce ne olmalıdır? Sonuçlar size bir şey ifade etmez. Bugünün iyisi madde dünyasında yarının kötüsü olur. Sonucun bir önemi yoktur. Tüm dünya ve iç dünyanız size saldırdığında; göstermiş olduğunuz tepki ve reaksiyon sizin kim olduğunuzu ve başarınızı ortaya koyar. Bu dünyanın liderleri, iş dünyasının peygamberleri olun. Dokunulmaz olun. Sorunlar karşısında keyif alarak çalışın, iş dünyası savaşlarında bütün oklar size saplanmış görünse de, bir damla kan ve acı olmasın. Siz bütünlüğünüzle bakın ve hiçbir çözümün olmuş ve olacak dış dünyadan gelmeyeceğini bilin.

Live Alive bu konuda her an size sizden yakın...

Ey akıllı insanlar o zaman sorarım yorulmak ne demek?

Neden yoruluyoruz? Çok çalıştığımız için mi? İnsan çok çalıştığı zaman yorulduğunu düşünür. Tabii ki eğer kas gücüyle çalışıyorsak kaslarımız yorulacaktır, bu gayet normaldir. Peki, kas gücüyle değil de, bilgisayar başında çalışıyorsak acaba neden yoruluyoruz?

Yoruluyoruz ve dinlenmeye çekiliyoruz. Peki dinlenmeye çekildiğimizde beynimiz ve düşüncelerimiz de dinlenmeye çekiliyor mu? Sessizleşiyor mu? Tabii ki öyle olmuyor.

Yine sormak istiyorum, dinlenmeye çekilen kim? Yorulan kim? Ve neden yoruluyoruz?

İnsan düşünceleriyle ve beyniyle devamlı meşgul olduğunda ve birçok düşünce birçok düşünceyi izlediğinde hiç boşluk oluşmaz. Beynimizdeki bu çok büyük karmaşa, kalabalık ve çoklu seslerin sonucu bütün enerjimizi emen düşüncelerimiz bizi yorgun ve bıkkın hale getirir. Ama ne yazık ki çalışmayı sonlandırmak, tatile çıkmak ve farklı yöntemlerle dinlenmeye çalışmak da tam olarak dinlenmemizi sağlamıyor. Öyle değil mi?

Düşüncelerimizi başka bir tarafa yönlendirmek için spor yapmak, hobiler edinmek, hatta ne anlama geldiğini bilmeden meditasyon ve benzeri ritüeller uygulamak; hiçbiri olmadığında evden dışarı çıkamamak veya uzun saatler uyumak... Bunlar hoşumuza gitmeyen bazı düşüncelerden kaçmamızı sağlasa bile hiçbir zaman beyni sessizleştirmeyecek ve bir boşluk yaratmayacaktır. Hatta tam tersine enerji kaybının devamıyla halen dinlenememiş ve canlılığını yitirmiş bir zihin; bu zihnin var ettiği bir beden ve bu bedenin eyleme döktüğü cansız bir hayatı yaratacaktır.

İşte bu bütün insanlığın hayatı... Sence de öyle değil mi? Şimdi yeniden sormak istiyorum. Canlı mısın? Lütfen cevap verme! Kendini gözlemle, hayatını gözlemle, yorumsuz izle!

Sence artık bu hayatın –ki buna hayat denirse, canlandırılması gerekmez mi? Bunun için ne yapalım? Hayatımızı değiştirmek sence bir çözüm müdür? Özgür olmayan cansız bir bedenin hayatını değiştirmek istemesi, örnekte de gözlemlemiş olduğumuz gibi eşinden dayak yiyen bir kadının hayatını değiştirmek istemesi ile aynı değil midir?

Sonuçta istemek, hatta çok çalışmak bunun için yeterli olamayacaktır. Hatta neyin doğru ve neyin yanlış olduğunu görebilmen bile yeterli olmayacaktır. Çünkü bir ölüyü diriltmek, özgür olmayan insanlığı özgürleştirmek tahayyül edebileceğimizden de çok, hem de çok yüksek bir enerji gerektirir. Bu enerji bedenin kullandığı sınırlı ve limitli olan rutin enerji değildir. Rutini devam ettirmeye çalışırsan, bitkisel hayatı sürekli kılan kısıtlı enerji hiçbir şekilde bu devrimsel dönüşüm için yeterli olmayacaktır.

Bu sebeple bu çalışmamız "kişisel gelişim" çalışması değildir. Bu bireysel bir devrim, yeniden var olma ve var etmenin manifestosudur. Kesinlikle bir bilinçaltı temizliği değildir. Eğer öyle olsaydı bunu kısa bir hipnoz seansı ile yapmak kolay olurdu ki zaten bu tip saçmalıklar yıllardan beri yapılmaktadır. Temizlendiği sanılan bilinçaltı –ki temizlemek mümkün değildir– bilinçsiz bir varlık tarafından yeniden tazelenip, hiçbir zaman değişmeyen bir döngü olarak devam etmektedir.

Bu döngüyü kıran *Live Alive'ın* geri dönüşü yoktur, sınırsız ve sonsuzdur. Çalışmamızın özüne ulaşmadan önce gözlemlemeye devam edelim.

Şimdi, şu anda gözlemleyen kim? Farkında mısın? Benimle beraber bu çalışmayı yapan sen; şu anda, şimdi kimsin?

Eğer bunun farkında değilsek gözlemleyen, gözlemleyenin farkında değildir. Sana kim olduğunu sorduğumda; büyük bir ihtimalle daha önce de bahsetmiş olduğum gibi geçmişteki bilgilerle, kendim dediğin benlik ve ego ile cevaplar bulmaya çalışacaksın. Ben onu sormuyorum. Benim geçmişinle ilgilenmediğim gibi lütfen sen de ilgilenme. Geçmiş sana hiçbir zaman ama hiçbir zaman şimdi şu anda kim olduğunu söyleyemez. Çünkü geçmişin, senin benlik dediğin hiçbir işe yaramayan kimliğini oluşturabilmiştir ama şu andaki ruhsal durumunla hiçbir ilgisi yoktur. Eğer şu anda kendini fark ettiysen söyle, hangi ruh halindesin? Kızgın, sinirli, neşeli, öfkeli, heyecanlı, kuşkulu vs... Eğer şu anda nasıl ve ne durumda olduğunu fark ettiysen; bu ruh halin bilgileri yorumlayacak; bu gözle dış dünyayı tanımlamanı ve eylemlerini bu yönde devam ettirmeni sağlayacak.*

Kişi içsel durumunu ve ruhsal boyutunu fark etmediği sürece eylemlerinin nereden kaynaklandığını bilemeyecektir. Bu bilinmezlik, kişinin gözleriyle dışarıya bakmasıyla dış dünyayı daha inandırıcı ve daha gerçek bir olguda oluşturacaktır.

Dış dünyada kişinin kontrolünün dışında belirsizliklerden ve değişkenliklerden oluşan bu eylemler ve olaylar; ona kendini korunaksız ve güvensiz hissettirecek ve kişi neyin ne zaman olabileceğini bilememenin vermiş olduğu müthiş bir korkuyla dünyayı kocaman, kendisini ise çok küçük ve çaresiz bir varlık olarak görmeye başlayacaktır.

Bu durumda "Ben kimim ki? Ne yapabilirim ki?" diyen varlık; bu yapısı içerisinde hayatı boyunca hiçbir zaman anlayamadığı ilahi güçlere tutunarak kendisini rahatlatmaya çalışacaktır.

Bütün bu haksızlıkların ve kötülüklerin var olduğu bu dünyadan kendisini kurtaracak olan beyaz atlı prensini bekleyen bir kız gibi; çaresiz ama umut dolu bir bekleyiş içerisinde olacaktır. Bu, insanların en büyük acısıdır. Acıların acısı... Kendisinin kurgulamış olduğu bir yalana kendisini inandıran bir umut içerisinde, zavallı bir varlık halinde beklemeye devam...

İnsan her daim umut ve erteleme içindedir. Ya "ileride iyi olacak" ya da "keşke böyle yapsaydım" diyerek her daim hayatını ziyan eder. İnsan mutsuz olduğunda, onu bile ziyan eder. Hayat, şimdi çok büyük bir zenginliktir. Fakat biz bu zenginliği ya geçmiş ve gelecek olarak erteleriz ya da umut içinde kendimizi kandırırız.

Şimdi-bu an, sahip olduğumuz her şeydir!

Eksik diye, fazla diye, devamlı düşünerek harcama!

Az ya da çok, bu zenginliği şimdi fark et!

Şimdi kendine yatırım yap!

Haydi şimdi!...

Hayatını erteleme!...

İlk aklına gelen doğru!...

Şimdi yap!...

Engelleyeni dinleme!

Hazinene, yani hayatına şimdi sahip çık!

Hayatını erteleme!

Live Alive hayatı öğrenmek istiyorsanız, tek bir gerçeği anlamanız yeterlidir. Dış dünya bizim için karar veremez. Eğer dış dünyanın karar verdiğine ve bizi yönettiğine inanıyorsanız her gün Don Kişot gibi gezinirsiniz. Zombiden farkınız olmaz... Her daim problem içinde olursunuz. Özel ve iş hayatınızdaki hiçbir işiniz bitemez. Hayat çok büyük sıkıntılar çıkararak, öğretmeye devam eder ama siz duyamazsınız. Live Alive buna izin vermez, tepkisi çok sert ve ağır olur. Bu uyuyanları uyandırmak için başvurulan son yoldur. Live Alive ilişkiyi ve iletişimi azaltırsa; bu artık hiçbir fayda olmayacağı içindir. Biz Ormanda Uyuyan Güzeller topluluğu değiliz.

DON KİŞOT MUSUN?

Hemen hemen herkesin, gerçekmiş gibi zihninde canlandırdığı ve hiç unutmadığı Cervantes'in 1605 yılında yayınladığı bu eserde; şövalye hikâyeleri okumaktan aklı karışmış Don Kişot'un dev olarak gördüğü yel değirmenlerine saldırması en unutulmaz bölümüdür. Bu bölümü hatırlatmak isterim.

Günün ortasına doğru Don Kişot ile Sanço Panza o kadar uzaklaşmışlardı ki, neredeyse ikisi de artık köylerini akıllarına bile getirmiyorlardı. Az sonra Şövalye uzakta otuz kadar yel değirmeni gördü ve sevinçle bağırdı: "Sanço dostum; talih bize dilediğimizden fazla gülümsüyor. Karşıdan bizim gelişimize bakan şu devler alayına bak."

Sanço, gözleri yerinden fırlamış vaziyette "Devler mi Senyör Şövalye," dedi, "nerede görüyorsunuz devleri?"

Don Kişot içini çekti: "Dostum Sanço! Nasıl oluyor da görmüyorsun onları! Bak hep birden ayağa kalkmışlar, bizi tehdit ediyorlar. Yolumuzu kesmek için bütün ufku tutmuşlar."

Sanço Panza cevap verdi: "Aman Efendimiz, sizin gördüğünüz dev alayı değil kendi halinde değirmenlerdir, kolları sandığınız şeyler de onların kanatlarıdır."

Şövalye, Sanço'yu duymak istemedi; birdenbire atını mahmuzlayarak en yakındaki değirmene saldırdı.

Sanço "Aman Efendimiz, geri dönün Allah aşkına" diye bağırıyordu. Fakat Don Kişot onun haykırışlarını işitmiyor, naralar atarak değirmenlere yaklaşıyordu. Var gücüyle kanatlardan birine saldırdı ve bir anda onun iplerine takıldı. Atı Rossinante yandaki tarlanın içine fırlamıştı. Biçare şövalye, vücudunu kanada o kadar kuvvetle kaptırmıştı ki, vaktinde kendini kurtaramadı ve onunla beraber göğe doğru bir uçuş yaptı. Baş dönmesinden midesi bulanmış bir halde bir ikinci sefer göğe uçtu. Kanat çatırdıyor, fakat rüzgârın hızı ile yoluna devam etmekten geri kalmıyordu.

Bu manzarayı uzaktan gören Sanço mümkün olduğu kadar süratle koştu ve değirmenciye haykırdı: "Durdur şu makineyi. Efendimin ne halde olduğunu gözün görmüyor mu?"

Değirmenci durdurmaya razı oldu ve çok geçmeden kanatlar hareketsiz kaldılar. Bir an sonra da sadık seyis efendisini kurtardı ve çimenlerin üstüne uzatarak içini çekti: "Gördünüz ya Efendimiz. Hakkım yok muymuş?"

Şövalye "Kes sesini," dedi, "bilirsin ki asil şövalye savaşları sanatına senin aklın ermez. Ben karşımda devler gördüğümü pekâlâ biliyorum."

"Bunlar değirmendir Senyör Şövalye."

"Ben ne söylediğimi biliyorum. Bunlar sahiden değirmenseler demek ki, benim fenalığımı isteyen sihirbaz Freston devleri değirmene çevirmiştir. Freston edepsizin biridir, ilk önce kitaplarımla okuma odamı elimden aldı. Şimdi de düşmanlarımı koruyor."

Sanço içini çekti, sonra Don Kişot'u ayağa kaldırdı, atın eyerini düzeltti ve efendisini atına bindirdi.

Bu meşhur hikâye de beynin insana nasıl oyunlar oynadığını anlatan önemli bir eserdir.

Don Kişot dış dünyada değirmenleri düşman olarak algılar ve o düşmanları yenerse huzura kavuşacağını düşünür. Bu hikâyeden de anlayacağımız gibi, neredeyse tüm insanlık kendisinin yaratmış olduğu ilüzyonlar içerisinde ve bu ilüzyonları var eden beyinlerinin oyunlarından dolayı hiçbir zaman gerçeği algılayamadan, hayatlarını değirmenlere saldırarak geçirmektedir.

Uşak olarak görünen ve eşeğe binen Sanço ise her seferinde Don Kişot'a "Efendim" diye hitap ederek, ona gerçeği aktarmak istemiştir. Fakat Don Kişot beyninin yaratmış olduğu ilüzyondan dolayı bilinçli olmadığından hiçbir zaman Sanço'yu duymak istememiş ve duymamıştır. Fakat Sanço her şeye rağmen Don Kişot'u bırakmamıştır. Dua edelim ki; Sanço gibi aydınlanmış insanlar, bilincini yitirmiş bu insanlığı hiçbir zaman bırakmasın.

Sizin de değirmenleriniz var mı?

Bu bölümde ara vermenizi ve bir süre yorumsuz ve mantık geliştirmeden dış dünyada yaratmış olduğunuz engeller, limitler, düşmanlar veya tam tersi kendinize göre pozitif düşüncelerle yaratmış olduğunuz yaşamlarınızı gözden geçirmenizi rica ediyorum. Yapacağınız bu çalışma sizin için büyük önem taşımaktadır. Belki de bu çalışmadan sonra kitabın devamını okumanıza gerek kalmayacaktır.

MADDE DÜNYASINA LIVE ALIVE BAKIŞI

Çok üzücüdür... Birçok öğretide dünyanın, maddenin, hatta ne yazıktır ki bedenin bile bir önemi olmadığına inanmak veya inandırılmak istenir. Hatta bu dünyanın bir rüya olduğuna inanılır. Ne üzücü... Öldüklerinde uyanacaklarına dair düşünceleri vardır. Bu, bütünlüğün bozulmasıdır.

Dikkatle incelenirse çelişki fark edilir. Bu, insanlığın kendine söylediği en büyük yalandır. *Live Alive* bu yalan söylemlere dikkat çekmek ister. Bu bölüm "anlamak ve anlamı görmek" konusundaki çalışmayı yapmadan anlaşılmaz. Bu bölümü o yöntemle okumanızı tavsiye ederim. Yoksa en önemli bölümü atlamış olursunuz. Boşluk, alan, madde bir ve bütündür. Bunlar birbirlerinden farklı olamazlar. Ancak sıralama hep bu yönde ilerler ve madde boşluk içinde devamlı dönüşüm yaşar. Tabii ki *Live Alive* içindeyseniz bu süreç boşluk içinde olabilmenizle başlar.

İnsan uykusunda rüya görür. Bu, tek hattan bir yayındır. Birkaç farklı düşünce içinde olduğunuzda ise sabit bir görüntü oluşmaz, rüya bozulur, uyanırsınız. Hatta birini dinlerken bile aklınıza birçok farklı düşünce gelir. Siz o düşünceyi de, karşınızdaki kişiyi de dinlersiniz. Hatta bir düşünceden diğer düşünceye geçtiğinizi de fark edersiniz. Ama rüyada düşünce tektir, farklı bir şey düşünemezsiniz çünkü düşünce direkt olarak görüntüdür. Ayrıca rüyada zaman kavramı da yoktur. Gerçek hayatınızda ise vardır. Bunu niye aktarıyorum? Öncelikle hayatın bir gerçeklik içinde olduğunu fark etmeniz için bu önemlidir. Hayat boşluk içinden oluşan alan ve onun sıkışmış enerjisinin madde olarak algılanması üzerine oluşmuştur.

İnsanın hep merak ettiği konu...

Tanrı insanı niçin yarattı?

Sizce?

Keşfetmek varlığınızın en büyük misyonudur. Keşif ancak madde ile mümkündür. Rüyada da gerçek gibi algılarsınız. Sevinirsiniz, korkarsınız... Doğrudur. Ama rüyanızda sevdiğinize, çocuğunuza sarılmanızla gerçek hayatta sarılmanız arasındaki farkı hatırlayın. Çok farklıdır...

Bu yüzden madde olmuş bedenin, bilinçli yapısı içinde var ettiği maddeleri keşfetmek, varlığınızın var olma amacıdır.

Bir çocuğun keşfetme aşkına bakın! Bir de yaşlı insanların durumuna... İşte bu dahi ölümün nedenini size anlatır. ***Çünkü keşif biterse beden var olma nedenini kaybeder.***

Bu durumda yok oluş kesindir. Bu bilinçsiz yok oluş insanlığın ölüm olarak kabul ettiği durumdur. Şimdi sormak istiyorum.

İnsan neden keşfetme duygusunu yitirir? Lütfen derin bir nefes alın ve bu soruyu kendinize sorun... Neden?

Bunu daha önceki bölümlerde aktarmıştım. Keşfetmek için kişinin beyni yani maddesel durumu ile boşluk arasındaki ilişkinin tam olarak devam etmesi gerekir. Bu döngünün sekteye uğraması kişinin *Live Alive*'dan çıkmasıdır. Yani boşluk ile madde arasındaki ilişkinin kaybolmasıdır.

Beynin sadece beş duyu ile hayatı anlaması ve onun ardındaki Hakikati unutması sonucu bu ilişki kesilir.

Live Alive bilinçlenme ve aydınlanma yolu ile Hakikatin hatırlanmasını sağlar. Bu kaybolan çocuğun yuvaya dönmesi gibidir. Bunun zıttı bedenin güven arayışı içinde bildiğine tutunma isteği ve bunun sonucu bağımlılık ve korkunun oluşumudur. Maddenin kendisini bir maddenin var ettiğine ve yaşama kaynağının dış dünyadan geldiğine inanması sonucu canlı yaşam son bulur. Ve zaman içinde kalan son enerjinin tükenmesi ile sonlanır. Yaşlılık ve ölüm. Bu döngü kırılmalıdır. Bu döngü Âdem'in hikâyesi gibidir. Cennette bütünlük içinde yaşarken yasak meyvenin yenmesi ve dış dünyaya bağlanma aşkı ile yuvadan kopuşumuz. Ürettiği çeşitli öğretilerle kendi ürettiği düşüncelere tapan insanlık. Ne üzücüdür... Maddenin maddeyi yaratması ve onsuz yaşayamayacağına dair yalan dolu düşünsel yapılar...

$E=MC^2$ yani enerji eşittir madde. Aynı zamanda madde eşittir enerji olduğuna göre... Madde yeniden enerjiye akmadığı sürece hayat sağlıklı işlemeyecektir. Her madde ya yok olur ya da bilinçli bir şekilde geldiği yere akarak bireysel dönüşüm yaşar. Bu dönüşümde hiçbir kayıp yoktur. Enerji, enerjisi ile tamdır. Bütünlük buradan var olur. Alan ve madde boşluğun içinde var olur ve o boşlukta ilerler. Yani anne doğurur, çocuk dışarı çıkar. Ama unutma ki ikisi de maddedir. Ancak bulundukları içsel ve dışsal durum tam anlamı ile boşluğun içindedir. Balık suda yaşar ama suda yaşadığını bilmez. İnsan da böyledir. Ama boşluk hava değildir. Hava da boşluğun içindedir. Yani hazineniz hep sizinledir. ***Bu kitap size bildiklerinizi hatırlatmak için sizin tarafınızdan size yazılmış son mektuptur.***

TÜM YAŞAMINIZ TEKRAR MI?

Sefiller

Şimdi size müthiş bir eserden bahsedeceğim. Victor Hugo, *Sefiller*... Hatırlıyorsunuz değil mi? Şimdi *Sefiller*'i *Live Alive* bakışıyla birlikte yorumlayalım. Kitabın ana karakteri olan Jean Valjean kız kardeşinin aç çocuğunu doyurmak için ekmek çalarken yakalanır. Hırsızlık suçundan beş yıla mahkûm olur. Fakat mahkûmiyet sırasında kaçmaya çalıştığı için cezasını tamamlaması tam 19 yıl sürer. Cezası bitip özgürlüğüne kavuştuğunda yeniden hayata tutunmaya çalışır fakat eski bir mahkûm olduğu için toplum tarafından dışlanır. Ne açlığını giderebilecek bir lokma ekmek ne de soğuk günlerde ısınabilecek bir yer bulabilir. Sonunda yolu bir piskopos ile kesişir ve piskopos ona yemek ve yatacak yer sunar. Fakat gerek hapishane döneminde gerekse sonrasında yaşadıkları Jean Valjean'ın tüm duygularını yitirmesine neden olmuştur ve piskoposa ait tüm gümüşleri çalarak kaçar. Tabii ki bu kadar yük ile yakalanması fazla uzun sürmez ve suçunu onaylaması için piskoposun karşısına getirilir. Piskopos ise gümüşleri kendisinin verdiğini, hırsızlığın söz konusu olmadığını söyleyerek onun serbest bırakılmasını sağlar. Dahası ona iki gümüş şamdan daha verir ve karşılığında tüm bu gümüşleri iyi bir insan olma yolunda kullanmasını ister. Bu olay Jean Valjean'ın yok olan duygularını yeniden kazanmasını sağlar. Yıllar geçer, Jean Valjean sahte kimliği ile iş hayatına atılır ve çok başarılı olur. O artık zengindir ve kasabanın en yardımsever ve en saygın kişilerinden birisidir. Fakat geçmişi onu takip etmeye devam eder ve kendisini daha önce yakalayıp hapse atmış olan polis şefi Javert gerçek kimliğinden şüphelenir.

Fakat Jean Valjean'ın unvanı nedeniyle elinden bir şey gelmez. Yıllar geçer, Jean Valjean kaçak hayatına bir şekilde devam eder fakat polis şefi Javert peşini bırakmaz. Bu sırada ihtilal başlar. Ayaklanma sırasında polis şefi Javert yakalanır ve esir düşer. Jean Valjean'dan onu idam etmesi istenir fakat Jean Valjean, Javert'in kaçmasına izin verir. Bu esnada ihtilal sert bir şekilde bastırılır ama yaralı bir arkadaşını hastaneye götürürken bu defa Jean Valjean, Javert'e yakalanır. Arkadaşını hastaneye götürmek için süre ister sonra teslim olacağına dair söz verir. Fakat Komiser Javert arkadaşını bırakıp teslim olmazsa onu vuracağını söyler. Valjean ölümü göze alarak yürümeye devam eder ama Javert tetiği çekemez ve Valjean'ın gitmesine izin verir. Javert hayatına son vermek için bir köprüden nehre atlar.

Kendi içinizdeki zıtlıkları yendiğinizde ve kendinizi içinizde yüzde yüz bağışladığınızda; buradan müthiş bir anlayış doğar. Bu anlayış sevgiyi var eder ve sizi dönüştürür. Dönüşen siz, dış dünyada artık size ait olmayan bütün olayların ve kişilerin de değişimini sağlamış olursunuz. Komiser Javert, kendini bağışlamayan ve her adımda kendi kendini takip eden Valjean'ın içindeki oluşumun dış dünyadaki maddeleşmiş halidir. Şimdi neden bütün değişimlerin içimizden başladığını anlatabiliyor muyum? İstediğimiz kadar kaçmaya çalışalım, istediğimiz kadar hayatımızı değiştirmeye çabalayalım, hiçbir şey değişmeyecektir. Su dünyayı temsil ettiğinden, komiserin kendini suya bırakarak intihar etmesi ise mecazi anlamda kendi dünyamızda yok oluşu temsil eder.

Suyun üzerinde yürüyün yani dünyanızın üzerinde yürüyün ama batmayın. Farkındalık bu demektir.

SENİ EYLEME GEÇİREN NEDİR?

Beyin bedeni nasıl eyleme geçirir? Beynimizin içinde bizi eyleme geçiren yüzün üzerinde kimyasal salgı vardır. Savaşlarda bile kimyasal silah kullanmak savaş suçu iken; beynimiz biz farkında olmadan ve yetkimiz dışında, bizi kimyasal silahlarla eyleme geçirir, yani devamlı savaş suçu işler. Suçludur...

Şimdi inceleyelim...

Şu anda rüyada mısınız? Beyin rüyada olduğunu anlayabilir mi? Düşünün ki beyin gündüz yaşamış olduklarını uyku halindeyken düşünmeye devam eder. Bu düşünceler rüya halindeyken beynimizde görselliğe dönüşür ve ne üzücüdür ki bu görselliği yaratan beyin kendi yarattığı görselliğe inanır ve bu inanış içerisinde gördüğü şey eğer kendisini korkutmaya başlarsa rüya kâbusa dönmeye başlar. Bu durumda beyin kendisinin oluşturmuş olduğu bu gerçeklik algısına kendisini inandırır. Ve bedeni bu yönde harekete geçirmek için gördüğü kâbusa uygun olarak korku içerisinde adrenalin salgılar. Bütün beden, ter içerisinde kâbuslarla dolu bir gece geçirmeye başlar. Tabii ki bunun tersi de olur. Güzel ve hoş bir rüya da görebilirsiniz. Bu defa da buna uygun olarak başka bir salgı yayılır ve beden bu yönde harekete geçer. Şimdi sormak isterim, rüya içerisindeyken kendi yarattığı düşünceye inanan ve eyleme geçen beyin, normal hayatta bundan farklı bir şey yapar mı?

Anlatabiliyor muyum, bilmiyorum. Eğer bu beyin seni yönetiyorsa hayatının senin kontrolünde olduğunu söylemek imkânsızdır.

Amacımız, beynin kötü ve gereksiz olduğunu söylemek değil, beyni asli görevine döndürmek ve daha verimli çalışmasını sağlamaktır. Çünkü doğru kullanıldığında çok önemli ve faydalı işler yaptığını hepimiz görüyoruz. Yaratmış olduğumuz bütün araç-gereçler ve teknoloji, beynin ve düşüncenin bir eseridir.

Buradan NLP eğitimleri gibi çeşitli eğitim ve uygulamalar çıkarmak bizleri asli amaçtan uzaklaştırır. Tabii ki bunların da faydalı olduğu yerler vardır. Fakat yeniden hatırlatmak isterim ki asli amacımız *Live Alive - Canlı Yaşam* ve buna giden yolda özgür olmaktır.

O zaman yeniden sormak isterim. İnsan bağımlı olmadan yaşayamaz mı?

Bu arada bağ ile bağımlılık arasında ciddi bir fark olduğunu hepimiz fark edebiliriz. Sizinle benim aramda, anne ile çocuk arasında, arkadaşlarınızla ve ailenizle sizin aranızda kesinlikle gözle görünen ve görünmeyen bir bağ vardır. Hatta kişiyle tüm insanlık ve dünya arasında da gözle görülmeyen fakat çok güçlü olan bağlar vardır. Ama bağımlılık bunların hepsinden farklı olmalı öyle değil mi? Peki bağımlılık nedir?

Aklınıza şu gelebilir. "İnsan bağımlı olmadan yaşayamaz". Gerçekten öyle mi? İnsanın en çok bağımlı olduğu şey nedir? Para? Mevki? Kariyer? Kuvvet? Bunlar gibi birçok şeye bağımlılığı olabilir. Ama ben daha önemlisini soruyorum. Hatırlarsınız ki beynin ürettiği düşünce hakkında konuşmuştuk. Düşünce olmadan beynin hiçbir işlevi olmayacaktır.

Sonuçta düşünce, beynin en çok bağımlı olduğu, bir nevi hastalık derecesinde bağımlı olduğu ve onsuz olamayacağı bir alışkanlığıdır.

Şimdi size düşünmeyin dersem, hatta kırmızı bir arabayı hiç düşünmeyin dersem, düşüncenizde kırmızı bir araba var olmaya başlayacaktır. Yani düşünmeyin dememin bir anlamı yoktur.

Düşünce bir elektriktir. Beynimiz 20 watt'lık enerjiyle çalışır. Beyin vücut ağırlığının yüzde 2'lik bir kısmını oluştursa da vücudun toplam enerjisinin yüzde 20'sini tüketir. Her gram doku başına kullanılan oranın 10 katına eşit enerji tüketir. Tipik bir yetişkinin ortalama enerji tüketimi 100 watt'tır. Beyin 20 watt'la bu tüketimin beşte birini kendisi için kullanır.

Her düşünce enerjimizi emer ve bu durum bizim için çok ciddi bir enerji kaybıyla devam eder. Bir yatırımcı, bir işadamı olduğunuzu düşünün. Sermayenizi her fikre, her düşünceye yatırır mıydınız? Siz de çok iyi biliyorsunuz ki her düşünceye yatırım yapmanız demek sonunda sermayeniz tükenecek demektir. Kişinin en büyük sermayesi, parası ve itibarından çok daha değerli olan içsel enerjisidir. Çünkü enerjisinin olmaması demek artık yaşayan bir ölüye dönmesi demektir. Demek ki benim bir sorumluluğum var. O halde benim sorumluluğum nedir? Bu soruya cevap vermeden önce görev ile sorumluluk arasındaki fark çok iyi anlaşılmalıdır. Sorumluluk içsel yapınızla var olur, görev ise beyinsel, yani dışsal bir olaydır. Bu yüzden görev ölçülebilir ve zaman içerisinde var olabilir. Bir görev aldığınızda yetkinliğiniz ve kabiliyetiniz doğrultusunda zamanında teslim edebilmeniz, o görevi başarıyla yapmış olduğunuzu ortaya koyar.

Peki ya sorumluluk?

Sorumluluk belli bir zaman dilimi içerisinde var olmaz. Çünkü zaman beyinsel, dışsal bir faktördür. Bir annenin çocuğuna karşı sorumluluğu belirli bir dönem için ya da sadece büyüyene kadar olamaz. Anne çocuğundan ömür boyu sorumludur. Bir kişinin sorumlu olup olmadığını bilirsiniz ama bunu tarif edemezsiniz. Anlatabilmek için kelimelere dökmeye çalışabilirsiniz ama tarif edemezsiniz. Öyle değil mi?

Gördüğünüz gibi bazı kavramlar için, özellikle içsel kavramlar için kelimeler ve cümleler yetersiz kalıyor. Bu konuyu daha iyi anlayabilmek amacıyla biraz daha derinlemesine incelememizde fayda olduğunu düşünüyorum.

Sorumluluk ve sevgi arasında müthiş bir bağ vardır. Sevgi ve sorumluluk birbirini besleyen bütünsel oluşumlardır. İnsanın sorumlu olabilmesi için müthiş bir sevgiye ve sevginin verdiği enerjiye ihtiyacı var. Peki, beyin sevebilir mi? Beyin beğenebilir ama sevebilir mi? Beyin sevginin ne olduğunu anlayabilir mi? Bölünmenin ve çatışmanın olduğu yerde sevgi oluşabilir mi?

Oysa beyin olayları anlayabilmek için devamlı mukayese eder. Mukayesenin olduğu yerde sevgi olur mu?

Peki, sevginin belirli bir yüzdesi olur mu? Seni yüzde 70 seviyorum diye bir şey olur mu? Peki, yüzde 70 sorumluluk olabilir mi?

O zaman sormak isterim kişinin sevgisi ve sorumluluğu kimedir? Kendini sevmeyen bir birey başkalarını sevebilir mi? Kendinden sorumlu olamayan biri dış dünyada sorumluluk alabilir mi?

Kişinin en büyük sorumluluğu nedir?

Buraya kadar bir şeyi fark etmiş olmamız gerekir; insan içerisinde müthiş bir enerji barındırır. Siz buna ruh, elektrik gibi çeşitli isimler verebilirsiniz, sonuçta hepsi aynı anlama gelecektir. İnsan öldüğünde bedeni bir süre bütün organları ile aynen öylece kalmasına rağmen, neden ona ölü deriz? Çünkü o kişi bütün enerjisini, ruhunu kaybetmiştir. Şimdi yeniden sormak istiyorum.

Kişinin en büyük sorumluluğu nedir?

Kişi enerjisini kaybettikçe artık herhangi bir şeyi var etmesi imkânsızlaşır. Einstein'ın da formülünde belirttiği gibi $E=MC^2$, enerji maddeye eşittir. Ve her şey enerji ile var olur.

"Her şey enerjidir ve her şey yalnızca bundan ibarettir. Sahip olmayı istediğiniz gerçekliğin frekansına uyumlandığınızda artık yapacak bir şey yoktur. O gerçeklik size ait olur. Bundan başka bir yol yoktur. Bu felsefe değildir. Bu fiziktir."

Albert Einstein

Şimdi, şu anda hangi ruh halindesin?

Eğer bunu fark edersen, hangi enerji seviyesinde olduğunu da fark edebilirsin. Eğer şu anda negatifsen düşüncelerin olumsuz yönde oluşmaya başlayacak. Oluşan bu düşünceler yavaş yavaş büyümeye başlayacak, dış dünyadaki algıların da negatifleşecek ve beden bunu takip edebilmek için beynin göndermiş olduğu kimyasallarla eyleme geçecek. Sorumluluk sahibi olan kişi ruhsal durumunu fark ettiğinde bunun sonuçlarının nereye varacağını çok iyi anlar.

Bu düşük enerji içsel dünyanda yıkımlar yarattığı gibi, dış dünyada da sonu gelmez negatif olayların doğmasını ve gelişmesini sağlayacaktır. Aynen böyle olmuyor mu?

Peki, insan neden enerjisini kaybeder? Einstein'ın da formülünde belirtmiş olduğu gibi, enerji nasıl maddeye dönüyorsa, maddeden de enerjiye geri dönüş olmalıdır.

"Ne ekersen onu biçersin" deyimiyle anlatılmak istenenle, bu bilimsel formül aslında çok bağlantılıdır. Bu kavramları çok iyi anlamak ve algılamak; bizleri, hayatımızda başarısızlığın oluşmadığı, oluşsa bile en azından nereden kaynaklandığını bilebileceğimiz yüksek bilinçteki bir anlayışa kavuşturur.

Demek ki insan bir şeyi var etmek istiyorsa enerjisini, var etmek, oluşturmak istediği şeye yüzde yüz verebilmelidir. Hiçbir dini öğretiye bağlı olmadan sadece olayı daha iyi anlatmak için hoş bir örnekle açıklamak isterim. İnsana en yakın hayvan olan şempanze ile insan DNA'sı arasında yüzde 3 fark vardır. Ancak bu yüzde 3 fark birini insan, birini şempanze olarak var etmektedir.

Düşünün ki bir insan oluşturmak istediniz. Çok çalışsanız, çok arzulasanız, hatta bütün tekniklere ve bilgilere sahip olsanız bile yapacağınıza yüzde 97 oranında inansanız ve sadece yüzde 3 bu iş imkânsız deseniz sonuçta oluşan ne olur? Tabii ki şempanze! Bu olaya bütün dikkatinizi vermenizi istiyorum. Bir şeyi var etmek, oluşturmak ve başarmak istiyorsanız, öncelikle içsel dünyanızda yüzde yüz olmanız gerekir. Aynı örnek üzerinden ilerlersek; çalıştınız, uğraştınız ve insan yerine karşınıza şempanze çıktı.

Bu durumda motivasyonunuzu iyice kaybedersiniz öyle değil mi? Sonuçta bir daha denemek istediğinizde artık eski enerjiniz kalmamıştır. Çünkü 100 birimlik enerjinizin yüzde 3'ünü kaybettiniz ve geri dönüşü olmadı.

Aynı zamanda beyin yaşadığı bu tecrübeyi çoktan hafızasına aldı ve çok çalışsa da olmadığını kodladı. Yeniden denemek istediğinde aynı beyin bu sefer sana "daha önce de denedin yine olmayacak" gibi akıllar verecektir. İşte biz buna tecrübe diyoruz. Artık yeterli enerjin olmadığı gibi bir de iç dünyan daha da bölünmüş ve beynindeki enerji kaybıysa negatif yönde artmış vaziyette... Böyle devam edersen sonucun ne olacağını görebiliyor musun?

Şimdi anlatabiliyor muyum? Ne ekersen onu biçersin...

Farkındalık ve bilinçli olma hali başarıların başarısıdır. Tek başarısızlık bunun farkında olmamaktır.

İnsanoğlu ne kadar güçlü olduğunu ve neler yapabileceğini anlayıp bu kavramları fark ettiği an itibariyle orada yüksek bir bilinç hali oluşur. Tüm dünya ürettiklerine karşı çıksa bile, bu bilinçli varlık neyin neden olduğunu bilir. Şimdi anlatabiliyor muyum? *Live Alive* bu bilinçle yaşama halidir.

Live Alive farkındalık bilincini oluşturarak düşüncelerinin bedenini ele geçirmesini ve farkında olmadığın eylemlere sürüklenmeni engelleyecektir.

Kişi düşüncesi ile arasında bir boşluk bırakabilirse bu boşluk o düşünceyi gözlemlemesini sağlayacak ve bu sayede düşünce kimyasal salgı ile kişiyi ele geçiremeyecek ve kişi hayatında belki de ilk defa düşünce tarafından yönetilen değil, düşünceyi yöneten bir yapıya kavuşacaktır.

Canlı yaşa canlandır.

Hiçbir bilgi bizi değiştiremez.

Ancak; bilinç ve farkındalığın içinde, biz bilgi oluruz.

Hiçbir eğitim ve eğitmen bizi değiştiremez.

Ancak hazır olduğunuzda, öğreti ve öğretici sizinle olur.

Bu sadece sizin var ettiğiniz bir oluşum olacaktır.

Sadece var olma ve var etme aşkı ana misyondur!

FARKINDALIK ÇALIŞMASI

Hazır mısın?

Şimdi sizinle farkındalık ile ilgili küçük bir çalışma yapmak istiyorum. Hadi beraberce bir bardak su içelim. Her gün defalarca yaptığımız gibi... Fakat bu sefer ilk defa suyu tam olarak, farkında olarak içeceğiz.

Şimdi bardağınızı suyla doldurun, doldururken suyun sesini duyun, bardağı tuttuğunuzda onu hissedin, dokusunu, ısısını; suyun serinliğini, sıcaklığını... Suyun kokusunu almaya çalışın, koklayın... Şimdi çok yavaşça bir yudum alın ve ağzınızda hissedin ve çok yavaşça yutmaya başlayın.

Yutarken suyun gidişini izleyin. Şu anda su nerede? Bütün vücudunuzla fark edin. Şu anda rutin olarak yapılan bir eylemi ilk defa farkında olarak yaptınız.

Şu anda ne hissediyorsunuz? Sizce aynı mıydı?

Şimdi beraberce bir uygulama daha yapalım. Burnunuzdan derin bir nefes alın ve çok yavaşça bırakın, bir kez daha, çok derin bir nefes alın ama nefes alırken fark edin. Nefesinizi verirken çok yavaşça verin ve nefesinizi izleyin, bir kez daha yapın... Yavaşça derin derin nefes alın ve yavaşça nefesinizi izleyerek, çok yavaşça verin.

Gün içerisinde binlerce kez nefes alıyorsunuz, sizce şimdi aldığınız nefesle aynı mıydı? Şimdi derin bir nefes daha alın ve alırken bir şeyler düşünmeye çalışın.

Nasıl? Düşünebildiniz mi?

İsterseniz bir kez daha deneyin... Nefes alırken düşünmek ne kadar zor değil mi? Nefes aldığınızda canlısınız. Nefes, boşluk oluşturmak için en önemli araçlardan biridir.

Nefes alarak boşluk oluşturduğunuz sürece düşünce hiçbir zaman kimyasal salgıyı yayamaz ve farkındalığınız hiçbir zaman kaybolmaz. ***Farkındalık bilinci nefesle başlar.***

Sorumluluğun ve sevginin ne olduğunu ancak bu bilinç içerisindeki kişi fark edecektir. Çünkü insan düşünce ve dış dünya tarafından yönetildiği sürece bilinçli değildir. Bilinçli olmayan bir varlık sorumluluk sahibi olamaz ve hiçbir zaman sevgiyi anlayamaz. *Live Alive* içerisinde olan kişi yüksek anlayış seviyesine sahiptir ve bu anlayış hem kendisine hem de dış dünyaya karşı çok farklı bir bakış açısı kazandırır.

KİMSİN?

"Ben kimim?" dediğinde düşünce devreye girer.

Yaşamış olduğumuz olaylarla, yani hafızayla kendisini özdeşleştiren düşünce benlik kavramını var eder.

Bildiğiniz gibi hafıza geçmişle ilgilidir. Ve düşüncenin var olabilmesi için kendisini bir şeylerle özdeşleştirmesi gerekir. Özdeşleşen bu düşünce bir imge oluşturur ve bu imge beni, seni, onu yaratır. Kişi kendisini nasıl tanımladıysa bu tanıma karşı bir bağımlılık oluşturur. Ve buna karşı çıkan bir hareket oluştuğunda düşünce bu bağımlılığı korumak için egoyu yani ben'i oluşturur. Ego bendir. Ego benim diyen düşüncedir. "Ben şöyleyim, ben böyleyim" diyen ego'dur. Bu durumda düşünce, yani ben, yani ego ile aranda boşluk oluşmayacaktır. Bilir misin ki dünyadaki bütün acıların nedeni budur?

İnsanoğlu Buddha'dan günümüze kadar hep acıları yenmek için çalışmış ancak acıların acısını yenmeyi ve tamamen yok etmeyi başaramamıştır. *Live Alive* içindeki oluşumda düşüncelerle aranızda devamlı bir boşluk oluşacağından ve düşüncenin sürekliliği, devamlılığı oluşamayacağı gibi içselleştirilmesi de mümkün olmayacağından; egosal bir ilüzyonda yaşamayacaksınız. Ve bu bütün acıların sonu olacaktır.

İnsan yaşamı boyunca birçok şeyi deneyimler. ***Ancak bir kere dikkatle gözlemlerseniz, aslında her eylemin acıdan doğduğunu fark edeceksiniz.***

Acıdan kurtulmak isteyen insan, her daim acılarıyla eylemde olduğundan, aslında toprağa -yani bedenine- ektiği de yine acıdır. Ne ekersen, neyi sularsan ve neyi büyütürsen sonunda oluşan o olacaktır. Yani insan bedenine acıyı ektiği sürece acının kendisi olacaktır. Ego çoğu zaman kişiyi bu acılarından kurtarmak için eyleme geçmiş gibi görünür. Aslında en büyük tuzak da buradadır. İnsan tecrübe kazandıkça kendisinin bir daha aynı hatayı yapmayacağını düşünür.

Gerçekten böyle midir?

Tecrübe kazandığımız için mi bu savaşları çıkarmaya devam ediyoruz? Tecrübeli olduğumuz için mi sıkıntı, problem ve acılarımız hiç bitmeden, katlanarak, şekil değiştirerek, daha da büyüyerek, yaşamış olduğumuz bu çekilmez, çatışmacı dünyamızı yaratmaya devam ediyor?

İnsan düşüncelerinin farkında olmadığı sürece acı, sıkıntı, dert onun var olma nedenleri olacaktır. Çünkü daha önce de bahsettiğim gibi beyin rutini ve bağımlılığı sever. ***Birinin dertlerini ve acılarını alsanız ve geriye bir şey bırakmasanız, o ne yapacağını şaşırır.***

Lütfen kendinizi düşünün; acısız ve dertsiz bir hayatınız olabilir mi? İmkânsız dediğinizi duyar gibiyim. Ancak ilerideki sayfalarda okuyacağınız gibi bütün dikkatinizi bu yöne verirseniz ve beraberce acıyı tam olarak anlayabilirsek; kendimiz diye tanımladığımız varlığı tanıyabilirsek ve bütün bu tanımlamalardan, hatta özellikle kendimizden özgürleşirsek; bütün her şeyin yok olduğunu, geriye sadece bir boşluk kaldığını görebiliriz.

Kişi ancak düşüncenin var ettiği kendinden, düşüncenin var ettiği dünyasından yani kısacası düşüncesinden özgürleştiğinde, gerçekten özgürlüğün ne olduğunu anlayacaktır. Özgürlük bütün bağımlılıkların sonlanmasıyla var olur. Bir şeyi seçtiğiniz sürece sizin için doğru dahi gözükse artık özgür değilsiniz.

Bağımlılığın olduğu yerde özgürlük olmaz. Özgür olmayan kişi benlik, ego ve düşüncenin içerisindeki beyin ile var olmaya çalışır. Daha önce de bahsettiğim gibi beyin hiçbir zaman sevgiyi anlayamaz. Sevgiyi anlamayan beyin bağımlılık içerisinde özgürlüğü de anlayamaz. Sevgi özgürlüktür. Farkındalığın olduğu yerde bilinçli olan sevgi doludur. ***Kaybedecek bir şeyi olan hiçbir zaman sevemez.*** Çünkü o korku doludur. Korku varsa sevgi yoktur.

Live Alive - Canlı Yaşam için kişi öncelikle sevgiyi çok iyi anlamalıdır. Sevginin olduğu yerde acı yoktur. Çünkü orada bağımlılık yoktur. Şimdi aynı fikirde olanlarla *Live Alive* ile yedi adım yürüyoruz.

Şimdi hazırsanız *Live Alive* yolculuğuna başlayalım.

LIVE ALIVE 7 ADIM

1. Boşluk - Emptiness
2. Gözlem - Observation
3. Anlamak - Understand
4. Anlamı Görmek - Inner Eye
5. Canlı Boşluk - Alive Emptiness
6. Oluşturmak - Creation
7. Eylem - Be in Action

LIVE ALIVE 7 ADIM AKIŞ

1. Nefes **AL** ve Farkında **OL**
2. Gözlemle ve Yorum Yapma, **İZLE**
3. İçsel dünyanı **ANLA**, Yargılama
4. Sessizliği İçsel Gözünle **GÖZLEMLE**
5. Derin ve Geniş Boşluğu ve Gücü **HİSSET**
6. Boşluğu, Enerjini, Yaratıcılığını **VAR ET**
7. Eylem, **KEŞFET**

Not: *Uygulama çalışması kitabın sonunda beraber yapılacaktır.*

Işık olan yerde karanlık olmaz
Sevginin olduğu yerde ikilik, çatışma olmaz
Kendini seven bir birey olduğunuzda çatışma olmaz
Kendini seven eylem ve düşünceleri ile kavgalı olmaz
Kendini sevmeyen eylemlerini de sevemez
Şimdi, bugün düşünün ve ona göre başlayın
Canlı olmak zordur
Ölü olmak kolay
Canlı olmak için eylemde olmalısın
Nefes almak istek ve coşku ister
Ne güzel bu sözü içinde anlayana...
Hiç canlı ile ölü bir olur mu?

Live Alive

1. ve 2. Adımlar

BOŞLUK ENERJİDİR

Boşluğun ne olduğunu anlamak için önce farkındalık ve bilinçli olma kavramlarını çok iyi anlamalıyız. İnsanın aynada kendisini görebilmesi için ayna ile arasında bir mesafe bırakması gereklidir. Öyle değil mi? Aynaya yapıştığınızda kendinizi göremezsiniz. İnsanın bir yazıyı okuyabilmesi için o yazı ile arasında bir boşluk bırakması gereklidir. Aynı şekilde insanın düşüncesini görebilmesi ve anlayabilmesi için de düşüncesi ile arasında bir boşluk bırakması gereklidir. Kişi, düşüncesi ile arasında bir boşluk bırakmazsa o kişi düşüncenin kendisi olur ama bunu anlayamaz. İnsan atomlardan oluşur. Atom dünyadaki en küçük parçacık da olsa yüzde 99'u boştur. Acaba neden? ***Boşluk enerjidir.*** Boşluk olmazsa enerji üretilemez ve var olunamaz. Hatırlarsanız sormuştum insan neden yorulur diye. Yorulur çünkü içinde az da olsa var olan boşluğu düşüncelerle, olaylarla doldurur ve bu yüzden de enerjisini kaybederek, yorulduğunu hisseder. ***Farkındalık kavramı kişinin bu boşluğu anlaması ile ortaya çıkar.*** Farkındalığın olduğu yerde bir düşünce ile diğeri arasında bir boşluk oluşur hatta bu boşluk ne kadar genişlerse kişinin eylemlerinde bilinçli olma hali de o oranda artar. Bilinçli bir eylem; içerisinde yüksek enerji, sevgi ve farkındalık barındırır. Hatta belki bilirsiniz; kanunlarımızda bile bilinçli olarak işlenen suçlarla; bilinçsiz olarak işlenen suçlar için farklı cezalar uygulanır. Kişi bir anlık kızgınlık ve öfke ile birini yaralar veya öldürürse bilinçsiz olduğundan dolayı cezası daha azdır. Ancak planlı ve programlı olarak işlenen suçların cezası çok daha ağır olur. Kişi bilinçli bir şekilde gerçekleştirdiği eylemlerden sorumludur. Şimdi sizi kızdıracak bir cümle ile devam ediyorum.

"İnsan duygusal bir varlıktır. Duygusu olmayan insan, hayvandan farksızdır" derler, öyle değil mi? *Live Alive'a* göre ise tam tersi, duygusal bir insan hayvan bile değildir. Çünkü hayvanlar sezgileri ile yaşayan özel canlılardır. İnsan ise duyguları tarafından yönetilen, neyi neden yaptığını bilemeyen, içsel gözleri kapanmış, anlayış ve sevgiyi unutmuş, tanrısallığını kaybetmiş, köle halinde rüyalarında yaşayan bir varlık olmuştur. ***Live Alive içindeki kişi bilincini kaybetmeksizin, duygularını keşfederek yaşayan; sezgisel, içsel bir anlayışsal bütünlük ve bu anlayışın doğurduğu sevgi içinde, nedensiz eylemlerde var olandır.*** *Burada kesinlikle bir ikilem ve ikilik yoktur. Çünkü Live Alive zıtlık içinde var olmaz. Bu bir gerçeğin anlaşılması ve hakikatin kavranmasıdır.* Duyguyu çoğu zaman kalple ilişkilendiren birçok kişisel gelişimci bulunmaktadır, fakat ne yazık ki bu doğru değildir. Çünkü duygu beyinle yaratılan kimyasal bir salgıdır. Kızmak, öfkelenmek veya mutlu olmak beynin yaratmış olduğu illüzyonlar ve bunun sonucu olarak yayılan kimyasal salgının yaratımıdır. Öyle değil mi? Kızgın biri sizce bilinçli midir?

Ya da diğer bir deyişle farkında olan biri kızgın olabilir mi? ***Kişi düşüncelerini izlemeye başladığı an itibariyle farkındalık oluşur ve artık eylemleri bilinçlidir.*** O artık bilinçli bir varlıktır. Burada gözlemci ve gözlemlenen birdir.

Farkındalığını kaybeden kişi de bilinçsiz eylemlerinin sonunda eylemini gözlemleyebilir ama bu gözlem geçmişe dayandığından, geçmiş ve şu an arasında bir ikilem oluşur; bu da gözlemci ile gözlemlenen arasındaki ikiliği doğurur. Bu ikilik kızgınlığı ve öfkeyi daha da artırır. Kişinin bir şeylere kızabilmesi için benlik kavramı gereklidir. Hatırlarsanız daha önceki sayfalarda bu konuya değinmiştik, şimdi bunu açarak hepimiz için daha anlaşılır bir hale getireceğiz.

Ne zaman gördün, sen yok oldun
Ne zaman inandın, sen yok oldun
Ne zaman korktun, sen yok oldun
Ne zaman mutsuzluk başladı, sen yok oldun
Ne zaman çok mutlu oldun, sen yok oldun
Ne zaman aşka düştün, sen yok oldun
Var olmak için tutundun, işte o anda yok oldun!
Ey kendini bilmez ne olduğunu unuttun!
OL-MA Sanatı !...

KURTUL ZAMANDAN

İnsan ömrü boyunca güvenli bir yaşam ister, acı ve sıkıntı olmasın, mutlu olsun ister. Daha iyi bir yaşam ve iş dünyası hayal eder. Bunun en iyi yolunun da daha çok çalışmak olduğunu düşünür. Hatta insanlığın çoğunluğu da bu hayatı acımasız görür ve hayatta kalmak için uğraşır. Ve insanlık bu düzensiz ve güvensiz yaşam içinde bir yol bulmak için bu zamana kadar birçok şeyi denemiştir. Bizim şimdi konuştuğumuz ise bir yere varmak için bir yol değildir. Eğer bir yere varmaya çalışacaksak bunun eski sistemlerden bir farkı olmayacaktır. **Yine zaman içinde, şimdi değil gelecekte ulaşmak üzerine bir erteleme olacaktır.** Çünkü zamana bırakmamızın ana nedeni buna inanmıyor veya değiştirmek istemiyor oluşumuz hatta bunu kendimize hak görmememiz olabilir. Olmayan şeylere binlerce yıldır inanan sen, olanı görmek istemeyen yine sen...

Ey mükemmel varlık!
Ne aranırsın kendi çöplüğünde?
Yüksel, hemen yüksel!
Kendim dediğin çöp oldu...
Ol sen Ol!

NEREDE?

İnsanın bu dünyada yaşaması gereken acıları olduğuna inanan birçok öğreti var. "İnsan acı çekmeli ki anlasın. Ne kadar derin acı çekersen, o kadar olgun bir varlık olursun. Şimdi cehennemde yaşa sonra cenneti hak edersin" diyen öğretiler... Artık farklı bir bakış açısına ihtiyaç var. Gerçeği ve hakikati görme zamanı geldi. Acısız bir hayat yaşamayı kendinize hak görmelisiniz. Bu bizim tek ve doğal hakkımız. Benimle aynı fikirdeysen, şimdi hakkımız olanı yani her daim seninle olan canlı yaşamı yaşamak için araştıralım. Hazineyi ortaya çıkaralım.

Sence bu hazine nerede? Acaba dışarıda mı? Halbuki hazine hiçbir zaman evin dışında olmamıştı...

2000 yıllık bir hikâye ile anlatmak isterim.

"Evinde bulunan on altının bir tanesini kaybeden kadın başka hiçbir işe güce bakmaz; yemez, içmez; evindeki bütün eşyaları dışarı atar ve evini baştan aşağıya temizler. Sonunda kaybettiği bir altını bulduğunda komşularını çağırır ve kutlama yapar."

Bu hikâye ne anlatmak istiyor? Lütfen düşüncelerini bir sonraki boş sayfalara yaz...

....

....

....

....

....

....

....

....

....

....

....

....

....

....

....

....

....

....

....

....

....

....

....

....

....

....

....

....

....

....

....

....

....

....

....

....

....

....

....

....

....

....

....

....

....

....

....

Burada kadının evi diye bahsedilen yer acaba neresi? Hangi evden bahsediyor? Tabii ki içsel dünyasını, kendi bedenini ve ruhsal yapısını anlatıyor. Ev sensin. Hazinen her zaman seninle ama biz bunu unuttuk! Ve hep dışarılarda aradık. ***Bu ahlaksızca bir yaşamdı. Çünkü bu, senin olmayan bir şeyi almak istemen olurdu.*** İnsan kendi iç dünyasını ve düşünce yapısını temizlediğinde; kaybettiğini sandığı veya unuttuğu hazinesini bulacaktır. Bunun için kişi kendisine ait olmayan her şeyden arınmalı, yani kendisine ait olmayan bütün ağırlıklardan kurtulmalı... Hatta belki de kendim dediği en büyük ağırlıktan kurtulmalıdır. Kaybettiğiniz bütünlüğünüzdür.

İnsan araçlarla amacı; evin sahibi ile hizmetçiyi karıştırmıştır. Bir sarayda hizmet eden görevlileri gördükçe hizmetlilerin her şeyi yapmasından etkilenen bir misafirin evin sahibinin kim olduğunu karıştırması gibi. Biz de yıllarca bu döngü içerisinde ayakları baş, başları ayak yaptık ve bu, içsel fakirliğimizin ana nedenini oluşturdu. Bu yaşam denilen labirentin içinden çıkma zamanı geldi. Bunun için öncelikle görmek ve anlamak gerekli.

Hazır mısın?

Hazineni bulmaya hazır mısın?

Hangi ağırlıkların görmeni engelliyor?

Neler bütünlüğünü bozuyor?

Bir saatlik boşluk, şimdi incele kendini ve yaz. Kitabın sonunda aynı soruyu kendine yeniden sor ve yeniden incele... Beraberce bulacağız, hak ettiğimiz gibi...

HÂLÂ MOTİVASYON MU BEKLİYORSUN?

Kişi motive olmak, enerjik olmak için birçok farklı yöntemlere başvurur. Yemek yemek, özellikle bolca tatlı tüketmek bunlardan ilkidir. Çünkü kişi mutsuz olduğunda beyin glikoz ister, tüketir ve geçici bir süre için mutlu olur. Neden geçici diyorum? Çünkü bedensel ihtiyaçlar hiçbir zaman uzun vadeli çözümler oluşturmayacaktır. Hatta bedensel bütün çalışmalar, bedensel isteklerin karşılanması ve geçici olarak çözülmesi yönünde yapılanlar ciddi bir tehlikenin de başlangıcı olacaktır. Bir saat sonra tatlının etkisi geçtiğinde, beyin yeniden tatlı isteyecektir. Öyle değil mi? Bu durum tekrar edecek, böylece bir alışkanlık ve sonunda bağımlılık haline gelecek, esrarkeşten hiçbir farkın kalmayacaktır. Aynı biçimde başarılı olursam, çok param olursa ya da güzel veya yakışıklı bir sevgilim olursa, hayatımdan memnun olacağım, mutlu ve enerji dolu olacağım; yaşadığımı anlayacağım ve bu beni motive edecek diyeceksin, kesinlikle haklısın... Bunların hepsi seni motive edecektir. Hatta bunlara ulaşmaya çalışman ve daha fazlasını istemen de seni motive ederek eyleme geçirecek. Hareket kazandıracak, hayata bağlılığını, yaşama aşkını artıracak. Bu, işte tam da bu, şu anda insanlığın hayata dair motivasyon kaynağı! Yani insanın yarattığı ve yaratmak istediği dış dünyaya olan bağımlılığı... İlk planda kendisini motive ettiğini ve eyleme geçirdiğini düşündüğü her şey bağımlılığa dönüşecek ve ona enerji verdiğini sandığı her şey aslında enerjisini almaya başlayacak.

Neden mi?

Siz benden daha iyi biliyorsunuz.

Aynı tatlı örneğinde olduğu gibi... Canlı olma durumu dış dünyaya bağlı olduğu sürece ve sen buna inandığın sürece; bu durum canlı olmanı değil aksine cansızlaşmanı ve yaşayan bir ölüye dönmeni sağlayacak.

Şimdi benim nedenlerimi okumadan önce kitabı bırak ve bir kaç dakika kendi hayatını ve çevreni izle... Bu konu üzerinden yorumsuz, hayatını izle... Seni 5-10 dakika bırakıyorum, kendinle ol ve izle... İyi ve kötü olarak, yorumlar yaparak değil bir film izler gibi izle. Hemen sonuca kapılma, yarattığın sonuç ve çözümleri de izle... Sonra dön gel ve kaldığımız yerden yeniden çalışmaya başlayalım.

Live Alive

3. Adımlar

İnsan bir labirent içinde, enerjisini her daim gereksiz yere harcar. Duvarları görür, ilerideki dönemeci de görür... Oranın çözüm olduğunu düşünür veya halen çözüm arayışındadır. Bu bizim yetişme tarzımızın ve beynin geçirdiği binlerce yıllık evrimin sonucudur. Bu evrimleşme, yaşanan korkulardan devamlı kaçış üzerine kurulan ve hayvansal dürtülerin sonucu gelişen alışkanlıklarımızı yaratmıştır. Bu da refleks içeren eylemlerimizi oluşturmuştur. Bunun sonucu: çözüm isteyen ego ve hırs... Sonunda gözlemcinin yaşadığı suçlamanın getirdiği pişmanlıklar. Bu döngü insanın karmasıdır. Bu oluşum acı doludur. Bu oluşum ölüdür. Bu durumu devam ettiren kişi aslında yaşıyor gibi görünen ölüdür. İnsan anlama kapasitesine ulaşmak için tüm enerjisini ve tüm varlığını buraya vermelidir. Tam ve bütün olan; yorumsuz ve yargısız anlama isteği bizdeki durumu anlamlandırır. İşte bu anlam ve anlama, değişimdir. Ve yaşadığımız labirentin sonudur.

Live Alive ana misyonu gereği; ister dışarıda ister içeride olsun, kendim sandığınız her şeyi bırakmak üzerine çalışır. Ben dediğimiz sürece hiçbir zaman gerçek ve Hakiki olan özü bilemeyiz. Kendinizi inkâr edin, kendim dediğiniz her şeyi bırakın... Şimdi!

İşte o zaman özgür olacaksınız. Ancak özgür olan baskı ve stres hissetmez. Ancak özgür olan korkmaz. Ancak özgür olan birlik ve bütünlük kurabilir. Ancak özgür olan Canlıdır. Ve Canlandırabilir. Her ben, benlik, geçmiştir. Yani ölüdür. Canlanan baskı hissetmez, canlanmayan toprağın ağırlığında ezilir.

YAŞADIĞIN HAYAT SENİN Mİ?

Bütün bu hayatlarımızı düşünce yaratmıştır, öyle değil mi? Düşünce bizde birçok oluşum var etmiştir. İnsanın canlı ve sağlıklı bir yaşam sürebilmesi için öncelikle sağlıklı bir zihne ve düşünce yapısına ihtiyacı vardır. İnsanın düşünce yapısı onu mutlu ve mutsuz etmektedir. Düşünce hafızadan ve hafızanın oluşturduğu olaylardan veya dışsal olarak yine hafızadaki kalıplardan etkilenmektedir. Hatta insanın sağlıklı bir bedene sahip olması sağlıklı zihin yapısından, tam tersi hastalıkları da sağlıksız bir zihin yapısından kaynaklanır. Bunu sadece ben söylemiyorum, artık olaylara Newton fiziğinin ötesinde bakan modern bilim de psikolojinin hastalıkların tedavisinde ne kadar önemli olduğunu belirtmektedir.

İnsan bedeni ve hücreleri devamlı yenilenir. Örneğin vücudumuzdaki en genç hücrelerden biri bağırsak hücrelerimizdir. Bağırsaklarımızı kaplayan hücreler 2-3 günde bir yenilenir. Cilt yüzeyindeki hücreler kendilerini iki haftada bir yenilerken, yağ hücrelerinin yüzde 10'u her yıl yenilenir. Oksijen taşıyan kırmızı kan hücreleri 4 ayda bir değiştirilir. Kas hücrelerinin ortalama yaşı 15 yıl, kemik hücrelerinin ise 10 yıldır. İnsan karaciğerinin kendini yenileme kapasitesi ise inanılmazdır. Karaciğerin yüzde 70'inin çıkarılması halinde bile birkaç ay gibi kısa bir sürede normal sağlıklı boyutuna geri gelebilir.

Peki, hücreler yenilendiğine göre, yeni hücrelerin hasta veya kanserli olmaması gerekir; çünkü yenidir... Öyle değil mi? Ama öyle olmuyor. Çünkü yeni gelen hücre eski hafıza ile geliyor. Yeni doğan bebekler yemek yiyemezler çünkü sindirim sistemleri tam çalışmıyordur. Bu yüzden zaman içinde sindirim sistemi öğrenilir.

Bu bilgi kodlanır ve yeni gelen hücreler de bu hafıza ile gelirler. Bu yüzden psikolojik bir sıkıntınız ve bu yönde bir hafızanız oluştuysa bu sadece beyinde yer almaz. Bütün hücrelerinizde de bu hafıza kodlanır. Yeni gelen hücre yeni, tam anlamıyla yeni olsaydı kanser gibi hastalıklar devam edemezdi. Ama aynı zamanda hiç hafıza olmasaydı; bu sefer de yeni gelen hücreler bebek hücresi gibi olacak; bu yüzden de hayat sürdürülebilir olamayacaktı.

İşte aynı şey günlük hayatımız içinde de devam eden bir süreç. Beynimiz her şeyi hafızasına alır ve kayıt eder. Biz hiçbir zaman unutmayız; sadece hatırlamayız. Yaşamış olduğunuz olaylar için iki kategori hafıza taşırsınız. İşlevsel gereklilik olan (geçici-kalıcı) hafıza ve çok güçlü olan, devamlı hatırlanan duygusal hafıza. Duygusal hafıza beynin ve düşüncenin sağlıklı çalışmasını engellediği gibi bedenin de sağlıklı olmasını engeller. Bunun sonucu sağlıksız bir hayat oluşur. Duygusal hafıza aynı zamanda beynin ciddi şekilde enerji kaybetmesine yol açar. Çünkü çok güçlüdür ve bütün enerjinizi tüketir.

Şimdi soruyorum, bizler zeki ve bilinçli varlıklar değil miyiz? O zaman bir şeyi anlamalıyız. Hangi olayları taşımamalıyız? Buna cevap vermek için yüksek bir bilinç gerekir, öyle değil mi?

Peki, neyi taşımalısın?

Neyi hafızana almalısın?

Tabii ki yaşamını sürdürmek ve işlerini devam ettirmek için çeşitli bilgilere ihtiyacın var. İletişim bilgisine hatta bir lisana ihtiyacın var. Tabii ki bunlar olmalı. Bunların hiçbiri seni tanımlamaz ama hayatını devam ettirmen için faydalı konulardır.

Şimdi soruyorum, kişi işinde başarılı olmaya başladığında düşünce yapısında olan nedir?

Kişi farkındalığını yitirmeye başladığında kendisini bu başarıyla tanımlamaya başlar. Dikkatinizi çekerim, farkındalığını yitirmeye başladığında diyorum. Çünkü bir şeyi yitirdiğimizde, yani beyninizin yönetimini yitirdiğinizde, beyin kendisini lider ilan edecek ve yeni bir tanımlama içine girecektir. Bu da iş dünyasında ne kadar başarılı olduğu ile ilgili bir kodlama olacaktır. Ve bu onda bir koruma oluşturacaktır. Bu koruma ve savunma mekanizması zarar görmeye başladığında, örnek olarak biri ona saldırdığında, işler iyi gitmediğinde veya beğenilmediğinde; beyin yani sen dediğin, büyük bir acı yaşayacaksın. Öyle değil mi? Ve sen kendini iyice kaybedeceksin, duygusal bir yapı içinde dış dünyaya karşı daha saldırgan olmaya başlayacaksın ve yaşadığın bu acının sende yarattığı duygusal hafıza bütün hücrelerinde oluşmuş olacak. Bu zehirlenme, toksin ve bedenin ağırlığıdır. Bu durumun zıttı da olabilir. Başarılarının sonucu olarak beyin arzulama lobundan daha fazlasını isteyecek; bu da hırslara neden olacak. Bu sefer de ne kadar başarılı, ne kadar zengin olsan da yetmeyecek. Öyle değil mi? Çünkü bu arzulama, mukayese ederek sende yeni bir savaş yaratacak.

Artık beyin senin bu olduğunu söylüyor. Ve sen kendini böyle tanımlayarak bir kişilik oluşturmuş durumdasın. Ama bu kişilik hastalıklı ve acı dolu... Ve bunun sonucu olarak korku dolu...

Şimdi sormak istiyorum, bütün bu başarıları bilinçli olarak ve kendinizi yıpratmadan gerçekleştirmek mümkün mü? Veya bütün sıkıntılarınızı algılayıp içsel ve dışsal yönden huzurlu olmak mümkün mü?

Bence mümkün. Sence?

Kişi bu sıkıntılardan kaçmak için çeşitli yollar deneyebilir. Hatta ağırlıklı olarak yaşadığı bu hayatı sebep olarak görebilir. Ve bunları bırakıp kaçmak isteyebilir.

Yeni dünyada bununla ilgili birçok örnek görüyoruz. Hatta bunları takdir ediyoruz. Bu kişinin labirentten çıktığını bir gün bizim de çıkabileceğimizi düşünerek yeni bir umutla hayal kurabiliyoruz. Gerçekten öyle mi? Bu sefer "Nirvana"ya, ilahi olana veya şu an başlanan çalışmada en yüksek noktaya çıkmak için kavga verilecek. Veya eski oluşumun çok kötü olduğunu söyleyerek insanları oradan kurtarmak isteyen bir yapıya bürünülebilecek. Bunlar aynı düşüncenin oyunları değil mi?

Ah, Ego! Bu tiyatronun farkında mısın? Düşüncenin değişebilmesi için düşünceyi var edenin değişmiş olması gerekir. Değişim düşüncede olsaydı bu kolay olurdu, yeni bir düşünce hemen düşünülürdü. Ama bu yeni bir oluşum yaratmayacak. Yeni bir sen oluşturmayacak. Yeni bir sen oluşturduğunu zannetsen de değişmeyen acı, bu defa farklı suretleriyle; üzüntü ve problemlerle birlikte korku içindeki yaşam denilen bu tiyatro devam edecek. Sen de benimle beraber gözlemliyor musun? Eğer yorumsuz bir izleyiciysen şu anda önemli; çok önemli bir şeyleri fark etmeye başladık. Düşünceler değişince bir şey değişmez. Düşünceyi oluşturan düşüncedir. Yine aynı labirentte kalırsın.

Farkındaysan kötü veya iyi bir düşünce yoktur. **Dün iyi olan düşünce şu anki eylemlerinle beraber yarının kötüsü olacak, şu an kötü olansa gelecekte iyi olabilecektir.** İyi ve kötü diye bir düşünce yoktur. Sadece düşünce vardır. Düşünce seni ele geçirdiyse artık senin için kötü son yakındır. Kötü olan senin düşünce olman ve yok olmandır. Bilmem anlatabiliyor muyum?

Düşünen düşünce olduğunda, o düşünce gerçek bir labirent olur. Olayların içeride veya dışarıda gerçek olması değil, seni ele geçirmesi en büyük sorunundur. Her düşünceye enerjini ve dikkatini verdiğin sürece seni ele geçirecektir. Problem veya sıkıntılar, senin verdiğin değer kadardır. Ne üzücü, insan kendinden çok problemlere değer verir.

KAÇMA!

Bu konuları çok iyi gözlemlemelisin. Meditasyon dahi düzen ister. Ev düzenli değilse, zihnin karışıksa meditasyon yapamazsın. O, kaçmak olur. Olandan kaçmak veya rüyaya dalmaktır. Meditasyon belirli bir zaman dilimi içinde sabah veya akşam yapılan bir uygulama değildir. Çeşitli ritüeller içinde var olmaz. Bu sefer aynı düşünce bu ritüelleri çok iyi yapmaya çalışarak beyni uyutmaya çalışır. Ve yine bir amaç içinde bir yere varmaya çalışan bir olgu oluşturur. ***Live Alive* yirmi dört saat süren kesintisiz bir çalışmadır. Problemler oluştuktan sonraki kaçış yeri değildir. *Live Alive* içinde problem ve çözüm, iyi ve kötü, güzel ve çirkin bir bütünün parçalarıdır.** *Live Alive* seçim yapmaz. Bütün bakar. Düşünce sadece bir fikirdir. İyi veya kötü değildir. Düşünce geçmiş hayatların ve bilginin devamından gelir. **Bugünün olayları ise öğrenilmiş çaresizlik içinde; alışkanlık, hayvansal refleks veya eski bilginin yani hafızanın oluşturduğu bir reaksiyondur. Yani; *eylem özünden gelmez. Bu yüzden özgür değilsin. Bu yüzden canlı da değilsin.***

Pamuk Prenses ve Yedi Cüceler masalı çok önemli bir öğretidir. Aslında masalların tamamı önemli bir oluşumu anlatır. Ama ne yazık ki çocukların yorumlamasına önem vermeyen eğitim sistemi bu hikâyeleri de kendi yargılarını ve kurallarını içeren bir anlatıma dönüştürür. ***Bu masallar eğlencelik çocuk hikâyeleri gibi görünen güçlü birer ezoterik öğretilerdir.*** Ve sen özgür olduğunda yani özgürce okuduğunda çok farklı bir yorum ve anlamla karşılaşırsın.

Pamuk Prenses ve Yedi Cüceler masalı nasıldı?

Eminim hatırlıyorsundur?

Kral ve kraliçenin bir kızı olmuş ve kıza "Snow White" yani Pamuk Prenses ismi verilmiş. Fakat bir süre sonra annesi ölmüş ve ülkenin kralı yalnızlığa dayanamayarak yeniden evlenmiş. Gelen üvey anne dünyanın en güzel kadınıymış; bir de sürekli fikir danıştığı bir aynası varmış. Aynaya, dünyada kendisinden daha güzel bir kadın olup olmadığını sorup aldığı "hayır" cevabıyla her zaman tatmin oluyormuş.

Gün gelmiş ve Pamuk Prenses güzellikte kraliçeyi geçmiş. Kraliçe aynasına danıştığında ve ayna ilk kez dünyanın en güzelinin Pamuk Prenses olduğunu söylediğinde; güvendiği avcılardan birini yanına çağıran kraliçe Pamuk Prenses'in kalbini söküp getirmesini istemiş. Fakat avcı prensese kıyamamış ve onu ormanda serbest bırakmış. Pamuk Prenses ormanın derinliklerinde yürürken karşısına ufak bir ev çıkmış. Eve giren Pamuk Prenses içeride yedi ufak tabakta yiyecek, yedi ufak bardakta şarap ve evin köşesinde yedi ufak yatak görmüş. Yemekleri yiyip, yedi yataktan birinde uyumaya karar vermiş. Yedi Cüceler eve döndüklerinde kızı görüp onun güzelliğine hayran kalmışlar, ve birlikte yaşamaya başlamışlar. Fakat aynasından Pamuk Prenses'in ölmediğini öğrenen kraliçe, yaşlı kadın kılığına girerek ormandaki eve gelmiş. İlk geldiğinde Pamuk Prenses'i ipek bir kumaşla boğarak, ikinci gelişinde zehirli bir saç tarağı vererek öldürmeye çalışmış ama başarısız olmuş. Son ziyaretinde ise kapıyı çalarak "Elimde çok güzel elmalar var, sen almazsan başkaları alır, sana hediye olarak bir tane bırakayım" demiş. Pamuk Prenses "Olmaz, beni zehirleyebilirsin" deyince kadın "Elmayı ikiye keselim, yarısını sen ye yarısını ben yiyeyim" demiş.

Tabii ki elmanın yarısı, yani sadece Pamuk Prenses'in ısırdığı yarısı zehirliymiş. Saraya döndüğünde kraliçe aynasına malum soruyu sormuş.

"Dünyanın en güzel kadını sensin" cevabını alınca tarifsiz bir mutlulukla normal hayatına geri dönmüş. Diğer yanda Pamuk Prenses'i gömmeye kıyamayan cüceler, onu camdan şeffaf bir tabut içinde saklamış. Bir gün uzak diyarlardan gelen bir prens cam tabutu açarak, güzelliğiyle büyüleyen Pamuk Prenses'i öpüp hayata döndürmüş.

Cadının gerçek amacı nedir? Neden Pamuk Prenses'in kalbini istemiştir? Aynaya bakan cadı neyi görür? Ayna geleceği mi yoksa olanı mı gösterir? Yoksa ayna cadının içsel dünyasının yansıması mıdır?

Ayna dış dünyayı, yani yaşadığımız dünyayı gösterir. Cadı içsel oluşumunda neyi düşünüyorsa ve bu düşünce neyi yaratıyorsa ayna onu göstermektedir. Cadının en büyük korkusu yaşlanmak ve ölmektir. Bu yüzden her aynaya baktığında "Ayna, ayna, söyle bana, benden daha güzeli var mı bu dünyada?" diye sormaktadır.

Acaba cadı neden bu soruyu sorar?

Çünkü dünyanın en güzeli olmadığını bilmektedir. Düşüncelerinde yarattığı Pamuk Prenses çok genç ve güzeldir. Ve o, her aynaya baktığında Pamuk Prenses'i görür. Onu öldürürse en güzelin kendisi olacağını düşünmektedir. Bu yüzden avcıdan onu öldürmesini ve kalbini çıkararak getirmesini ister. Tekrar soruyorum...

Acaba neden Pamuk Prenses'in kalbini ister? Sence?

Artık öldüğünden emindir ama halen içinde bir korku vardır. Bu sefer de ayna ona Pamuk Prenses'in ormanda halen yaşadığını gösterir. Pamuk Prenses ***yedi cücelerle yani yedi günah ile beraberdir***. Ama hiçbiri günahkâr görünmemektedir, çünkü Pamuk Prenses'in müthiş anlayışı ve onlara sevgi dolu yaklaşımı onlarda da önemli bir değişim yaratmaktadır. Onları yargılamaz.

Yargılamayan neden yargılansın ki?

Masalın devamında kraliçe asli görevine döner ve cadı kılığında ormana gider. Ve tabii ki dinlerdeki sembolde olduğu gibi Pamuk Prenses'e elma verir. Elmayı yiyen prenses zehirlenir ve ölür. Prens gelir, prensesi öper ve o da canlanır...

Ölüm "morte-mort" Latince kökünden gelir. Sevgi kelimesinin Latincedeki etimolojik kökeni "amor" (a mort) ölümün olmadığı yerdir. ***Sevginin olduğu yerde ölüm yoktur. Günah yoksa ölüm de yoktur.***

Bu masalın finali ve özellikle son cümle üzerinde yeniden durmak isterim. ***Günah yoksa***... Bunu dini anlamda kullanmıyorum. Günah senin yaptığın eylemlerden sonra veya yapamadıkların için kendini içinde öldürmen ve acı çekmendir. "Niçin böyle yaptım keşke yapmasaydım?" Ve yaptıklarınızdan duyduğunuz pişmanlığın yarattığı acı ve üzüntü... Kabir azabı... Öyle değil mi? Şu anda canlı mısın?

Bu acılar ve pişmanlık içinde bedenen yaşayan bir ölü değil misin? İşte bu pişmanlıklardan sonra buradan kaçmak ve seni kurtarmak isteyen düşünce yeni saçmalıklar yaratacaktır.

En kötü ve acımasız olanı, düşüncenin bütün dünyayı suçlamasıdır. İşte o zaman düşünce ve zihin kısa bir süre rahatlar. Bu rahatlama sorunu çözmez. Ve kişi hiçbir şeyi öğrenmeden ve farkında olmadan yani yine uyanmadan uyku halindeki hayatını devam ettirir. ***Eğer bilinçli olsaydı! Bütün bunları görecekti ve düşüncenin yaratmış olduğu bu sarhoşluk düzleminde yok olmayacaktı.***

Ah sorumsuz ben!

Yanlışlarından tecrübe kazanan beyin bu sorunu çözebilir mi? Hayır... Başkasını suçlasa da sorunu anlayamadığı için üzüntü hep devam edecek. Bu devam eden düşüncedir.

Ve sen düşünceye prim vermenin sonucu olarak yine farklı çözümler arayacaksın. Yazık, bu insanlığın sorunu.

Şimdi çözmek veya çözmemek. Bence çözmemelisin. O zaman yok olacaksın. Kendim dediğin bütün saçmalıkların da yok olacak. Geriye ne kalacak. Hiçbir şey. Şimdi anlatabiliyor muyum?

İÇ VE DIŞ BİRDİR

Her şey boşluğun içinde oluyorsa iç dünya veya dış dünya diye bir tanım yoktur. İkisi de bir ve aynı olgulardır. O yüzden, iç dünya dışarıyı yaratıyor / dış dünya içeriyi yaratıyor... Bunun bir önemi yoktur. Boşluğun içinde iç ve dış birdir. İnsan ancak *Live Alive* içinde yaşıyorsa, *Live Alive*'ın içindeki enerji her ne ise o olmaktadır. Yani aslında her şey mükemmel ve olması gerektiği gibidir. İnsan ancak *Live Alive*'ın içinde yaşadığında, iç veya dış Dünya'nın, birlikte-aynı anda yarattığı; hatta iyi veya kötü diye tanımladığı şeylerin tamamen dışına çıkabilir. İç ve dış Dünya'nın yarattığı her türlü deneyimin etkinliğinden ve bağımlılığından muaf olabilmek, insanın ancak *Live Alive* içinde yaşaması ile mümkündür. Oysa insanlık, yüzyıllar boyunca hayatını içeride veya dışarıda neler oluyor diye sorgulayarak geçirmiştir. İçeride veya dışarıda ne olduğunun hiçbir önemi yoktur. Çünkü asli olan insanın zamansızlık ve nedensizlik boyutunda var olabildiğidir. Bu frekansta yaşayan bir insan için, yani gerçekten var olabilen için, asli olan tek şey *Live Alive* içindeki enerjidir ve o enerji sabit olmadığı gibi aynı zamanda salt bilinçtir.

Tüm öğretiler insanı ya madde ya da yaratan olarak tanımlıyor. "Madde değilsin Tanrısın veya Tanrı değilsin maddeliğini bil." Veya "Her ikisi de sensin." Bunların gerçekten bir önemi var mıdır? Tüm maddeler, sonsuz boşluğun içinde oluşmuş ve oluşturulmuş enerjilerdir. Maddenin düşünceyle var olduğu da ispatlandığına göre dışarıda ve içeride yaşanan tüm oluşumlar düşüncenin maddeye döndüğü enerjilerdir. Esas olan, canlı boşluğun içinde düşünceye takılmadan yaşamaktır.

Çünkü insan düşünceye takıldığı an, artık canlı boşluğun içinde var olamaz. İnsanın düşünceye takılmadan yaşayabilmesi için düşünenin kendisi olmadığını, düşünenin düşünce olduğunu anlaması gerekiyor.

Düşünce başka bir düşünceden gelir. Düşünce, düşünceyi besler; düşünen de düşüncenin üretmiş olduğu maddesel eylemleri... Ancak düşünce ve düşünen bir ve aynı olgulardır. Gözlem yapan kendisini düşünceden ayrı gibi görür. Hatta eylemlerinden de... Live Alive 3. ve 4. adımlar bunun birleştiği ve anlamın görüldüğü yerlerdir. Bu ana kadar farkında olmayan gözlemci, kendi düşüncelerini ve eylemlerini kendisi değilmiş gibi yargılar. Bu ikilik çatışmanın ana nedenini oluşturur. Bunun sonucu gelişim durur. ***Pozitif gözlem egoyu ve hırsı besler; negatif gözlem çatışmayı, pişmanlık ve suçlamaları...*** *Sonuç olarak düşünceyi eleştiren düşünce ve düşüncenin var ettiği eylemleri yapan insan, kendi yarattığı bu labirente hapsolur.*

Düşünce boşluk içerisinde kendi kendine var oluyor ama ona verdiğimiz enerji ile var oluyor. Ve maalesef insan korkunç boyutta enerji yiyen ve sürekli enerji emen bir varlık haline gelmiş vaziyette. Bu yüzden düşünceyi yaratan ve destekleyen tüm bilgilerin acilen yok edilmesi lazım. İnsanoğlunun varoluşla ilgili tüm senaryoları yok edilmelidir; çünkü bu senaryoların hepsi çok ilkel koşullardan normal koşullara geçmek için üretilmişti. İnsanın yıllar önceki arayışının çıkış noktası fiziksel olarak hayatta kalmaktı. Bilinç öncelikli bir konu değildi.

Bugün ise fiziksel olarak hayatta nasıl kalabiliriz diye bir muamma yoktur. İnsanoğlu bunu çözmüştür.

Güvenlik ve hayatta kalma sorununu çözen insanın artık tek problemi egosantrik yapısı ve yaklaşımıdır. Madde olduğunu düşündüğü için, insan artık nasıl daha iyi yaparım veya nasıl daha fazlasına sahip olabilirim düşüncesine takılıdır. Bu yüzden insanın bilinci anlaması elzemdir.

Bilinç, düşünce yapısının değişimini sağlar. Kişi bilinçli olduğunda düşünceleri karmaşık değildir, zihin sakindir. Bu yapı berraktır ve kişi düşünceleri ile kavgacı değil, düşüncelerinin farkındadır. Bu haldeyken zihin hafızadan özgürdür. Rutin içinde değildir. Bu yapı yeni bir düşüncenin oluşumuna imkân verir. Bilinçli olmak farkındalık içinden gelir. Farkındalık bir söylem ve fikir değildir. Aynı yaptığımız su içme egzersizinde olduğu gibi zihnin bu konuya yatkınlığı geliştirilmelidir.

Fakat bilgi yok olmadan; tüm düşünceler ve bilgiler yok olmadan bilinç anlaşılamaz. Düşünceye ve bilgiye değer verildiği sürece canlı boşluk anlaşılamayacaktır.

Özet

Live Alive'ın içinde olmak, yani her an canlı olmak ne demek?

Düşünceden veya dış dünyadan tamamen dokunulmaz olmak demektir. Bu da ancak içeriden veya dışarıdan gelen hiçbir düşünceye veya hiçbir bilgiye enerji vermemek demektir. Düşünce bir enerjidir ama salt veya saf enerji değildir, senin ona enerji vermenle birlikte, eşzamanlı olarak, senin beyninin prosesinden de geçtiği için, her düşünce göreceli, taraflı, limitli ve sınırlı bir bilgiyi içerir. Bu da insanı o an, Canlı Boşluk'un, bilincin, sonsuzluğun, limitsizliğin, zamansızlığın, nedensizliğin dışına çıkarır. İnsan ancak Canlı Boşluk'un içinde yani saf enerjinin içinde olduğunda Canlı'dır. Canlı Boşluk'ta, canlı olan bir Varlığın, var oluşu nedensizdir. Orada sorgulanacak veya anlaşılacak bir şey yoktur, her eylem nedensiz, bütünsel ve mükemmeldir. Ve ne olursa olsun sadece bütüne hizmet eder.

Sevgi nedensizdir.

ŞİMDİ ZITLIKLAR DÜNYASINA BAKALIM!

İnsan beyninin algılamak için zıtlıklara ihtiyaç duyduğunu konuşmuştuk. Beyin aynı zıtlıklar içinde ceza ve ödül sistemine de ihtiyaç duymuştur. Bu ödül ve ceza sistemi içinde bütün öğretileri ve dinleri de buna göre yorumlamıştır. Bir düşünün; cennet veya cehennem olmasaydı insanlık nasıl olurdu? Anlamayan ve bilinçsiz olan, insanlığın kötüye gideceğini, birbirlerini öldüreceğini, herkesin kötü olduğunu ve hırsızlık yapabileceğini düşünür.

O halde böyle düşünen insanlık bu halde olmamalıydı. Peki, böyle mi oldu? Dünya'ya bakarsanız görürsünüz. Savaşlar ve ölüm artarak devam etmektedir. Demek ki korku ve ceza sistemi sonuç vermemiştir. Çünkü insan içsel dünyasındaki çatışmacı yapısıyla; inandığı değerleri kötülüklerine alet etmiş ve o yönde kullanmıştır. Sorsanız, öldürenler de inançları için ve dünyaya barış getirmek için öldürdüklerini ve kutsal yol için savaştıklarını söylerler.

Tüm bunların özüne inersek insanın neden bu yolda olduğunu anlamamız gerekir. Aynı biçimde iş dünyası da, özel hayatlar da; zıtlar dünyasındaki insanı temsil eder. Başarı ve ödül; başarısızlık ve ceza. Bu gerçektir. Bu değişmez bir kültür olmuştur. Çünkü insan kendini bu yönde yönlendirmiş ve eğitmiştir.

Zıtlık neden vardır? Sorunlar zıtlıklar dünyasından mı kaynaklanır? İçsel ve dışsal huzursuzluk zıtlıktan mı oluşur? Negatif veya pozitif düşünceler kendi içinde zıtlık değil midir?

Düşünce, içinde zıtlıkları barındırır. Oluşum zıtlıklardan var olur. Kadın ve erkek gibi... ***Teklik ikilikten gelir.***

Haydi inceleyelim...

Negatif bir düşünce var mıdır? Kötü olaylar diye tanımladığımız düşünce bize göre negatif yani kötüdür. Ama zıtlık dengesi içinde baktığınızda negatif bir düşünceden pozitif bir oluşum da olur; aynı biçimde negatif bir oluşum da. Yani parasız ve işsiz kalacağınız düşüncesi negatiftir. Sizi ürkütür. Ama aynı düşünce yapısı hayatınızı değiştirmenizi düşündürebilir, yeni bir oluşum yaratabilir. Öyle değil mi?

Zıtlıklar aslında iç içe geçmiş olgulardır.
Enerjiniz zıtlıkların bütünüdür.

Ya özlü sözlerimiz... "Bütün kötülüklerden sonra iyilikler gelir", "Çok gülersen ağlarsın", "Her gecenin sonunda aydınlık vardır".

"Ve her güzel şeyin de sonu..."

Zıtlık olmasa güzel ve çirkini; iyiyi ve kötüyü anlayabilir miyiz? Bu şimdinin gerçekliği...

Bunu biraz daha derinleştirmek istiyorum. Soru şu: İnsanın çektiği acılar zıtlıklar dünyasından gelebilir mi? Evet, daha önce konuştuğumuz gibi bölünmüşlük ve ikilikten gelir. O zaman, bir daha soruyorum ikilik kötü bir şey midir? Ben de madde dünyasının ikilik içinde oluşmasının gerekli olduğuna katılıyorum. Fakat aynı zamanda da bunun insana acı, sıkıntı, kararsızlık, mutsuzluk getirdiğini ve barış için adam öldürmeye kadar giden yolda ceza ve ödül sisteminin bizleri yönetmesinin de aynı şekilde sıkıntılı ve acılı olduğunu anlayabilirim.

Şimdi *Live Alive* içinden bunu gözlemleyelim. Anlamaya çalışalım...

Eğer farkındalık bilincinde değilsen, beynin oluşturmuş olduğu ikilik seni alır, mutsuz kararsız bir yapıya ve keşke'ler dünyasına götürebilir.

Ancak *Live Alive* içerisinden gözlemci olarak baktığında, bu ikilik veya çoğulculuk diye görünenler aslında oluşum için gerekli olan şeylerdir. Yani bir yemek yapıyorsanız eğer, içerisine çeşitli baharatlar koyarsınız ve sonunda birbirinden farklı farklı ve müthiş lezzetler ortaya çıkar. Ancak eğer seçim yaparsanız, içinden bir tanesini almaya çalışırsanız veya değiştirirseniz bu, bütünlüğü bozar ve sıkıntı yaratır. Burada önemli olan nokta, o farklılıklardan herhangi birine kendini kaptırmamak ve izleyici olarak o farklılıklar içinde bir zenginlik olduğunu ve o zenginlikten bir bütünlük yaratabileceğini, oradan da yepyeni oluşumlar çıkarabileceğini görebilmektir. Düşük seviyedeki insan yapısı kesinlikle bütünlüğü fark etmez ve devamlı seçim üzerine yoğunlaşır. Fakat *Live Alive* içinde olan kişi, kesinlikle seçim yapmadan, farkındalık bilinci içerisinde o bütünlüğü oluşturabileceğini ve buradan yüksek derecede bir oluşum sağlayabileceğini görebilir. Bunun için, bir şeyi anlamak gerekir. İnsan düşünce yapısına düştüğünde, neden onun düştüğünü söylüyoruz? Çünkü düşünce yapısı, içine girdiğiniz zaman kaotik, ikilem dolu ve çatışmacı bir yapıdır. Bunu daha önce konuşmuştuk.

Ancak *Live Alive* içinden kendinizi gözlemlerseniz ve beynin oluşumunu fark ederseniz, bu ikiliğin ve çokluğun esasında zenginlik olduğunu görebilirsiniz.

Önemli olan içine düşmemektir...

Düşünceyi veya olayları analiz ettiğiniz sürece bütünsel göremezsiniz fakat bizlere hep bir şeyi anlamak için detaylara inmemiz ve analiz etmemiz öğretilmiştir. Bu yönde evrimleşen beyin, bütün düşünce yapısını ve işleyişini, analiz ederek oluşturmaktadır. Fakat analiz ettiğinizde bütünü algılayamazsınız ve göremezsiniz. İnsan zihni ancak bu oyunlara ve öğretilmiş çaresizliğe kendini kaptırmadığında bütünü algılayabilir. ***Live Alive* içindeki gözlem zıtlıklardan, ikiliklerden, analizlerden ve bunun sonucu oluşan seçimlerden özgürdür.**

Seçim yapmaksa özgürlük değil, çaresizliğin belirtisidir. Bunun üzerine pratik yapın, bir olaya veya düşünceye analiz etmeden bakmaya çalışın. Tabii ki beyin devreye girecek ve oradan kaçmak isteyeceksiniz.

Live Alive birinci adım olan nefese dönerseniz ve nefesi izleyip, yeniden düşünceye ve olaya bakarsanız, sessizleşen zihin bütünü görecektir, anlayacaktır ve ilk defa anladığını görecektir. Bu zamana kadar hep gördüğünü anlamaya çalışmıştır. Bu hafızanın bir oyunudur. Düşüncenin, zıtlıkların ve sorgulamanın içine düştüğünüz anda kendinizi kaybedersiniz. Düşmediğinizde ise zenginliğin tadını çıkarırsınız. *Live Alive* içinde olan için uçlar yoktur, farklı fikirler yoktur, değişik yapılar yoktur. Her şey tam olması gerektiği gibidir. ***Ancak Live Alive içinde olan; bir şeyin var olabilmesi için ikiliklerden birliğe geçişin gerekli olduğunu anlar.*** Çünkü ikiliğin olduğu yerde enerjinin var edilmesi ve bütünleşmesi mümkün değildir. Kişi, maddeyi var edebilmek için, bu farklılıklardan bütünlük sağlaması gerektiğini anlayabilmeli ve enerjisini odaklandığı noktaya verebilme yeteneğini geliştirmelidir. Eğer kendinizi bu yönde geliştiremezseniz, fikirlerinizin doğru veya yanlış olması bir şey ifade etmeyecektir.

Bir şeyin gerçek anlamda istediğiniz gibi var olabilmesi için, kendinizi vererek bütün düşüncenizi ve enerjinizi o noktada bütünleştirmeniz gerekir. Ancak böyle bir durum, o istemiş olduğunuz maddeyi var eder. Eylemde imkânsız gibi görünse de, *Live Alive*'ın birinci aşamasında yapılan çalışmayı uygulamanız halinde, yani düşünceyi ve beyni yönetme tekniğini uygulamanız halinde aslında çok da kolaydır. Kişi bu çalışmayı hayatta bir kere fark edebilse, hayat içerisinde bir daha endişeye düşme; kaygıya düşme ve keşke'ler dünyasında kaybolma durumu mümkün olmayacaktır. Dünya farklılıklardan oluşmuştur ama farklılıkların hepsi birbirine bağlıdır ve bunun içerisinde görünmeyen müthiş bir bütünlük vardır. Bunu ancak anlayış kültüründe olan, *o farkındalığı tadan insanlar fark edebilecektir.*

Live Alive'ı bir kere denerseniz sistem içerisindeki o boşluğun vermiş olduğu bu yapıyı görebilirsiniz. İnsanoğlu farklılıkları hiç gözlemlemediği için, yani yargılamadan, seçmeden, iyi, kötü, güzel, çirkin demeden hiçbir şekilde gözlemleme yapmadığı için bu konuşulanları anlamamakta ısrar ediyor. Bir kere denese, yargılamadan, ayırmadan sadece bir kere denese; oradan müthiş bir oluşumun çıktığını görecek. İnsanlar dini inançları olduğunu söylüyorlar. Yaratıcı, Tanrı inançları olduğunu söylüyorlar ve Yaradanın yaratmış olduklarını kendi küçük beyinleriyle ayrımlar yaparak, bölerek, parçalayarak ve ikilem yaratarak çatışma doğuruyorlar. İnsanın dindarım dediği halde bu ayrımı yapmış olması, olayın özünü anlamadığını ortaya koyar.

Mevlana ne kadar güzel söylemiş: "Şeytanı bile severim Yaradandan dolayı."

Boşluk içerisinden gözlem yaptığınızda, orada müthiş bir anlayış vardır. Anlayışın olduğu yerde, tekrar ediyorum sevgi vardır. Sevginin olduğu yerde müthiş bir bütünlük vardır. Müthiş bir enerji ve müthiş bir oluşum vardır.

Böldüğün zaman senin olduğunu zannediyorsun ama Sen yoksun! Bunun farkında olsaydın hayatın böyle olmazdı.

Kaç sen kaç

Bütün bu konuları aktararak yapmaya çalıştığımız *Live Alive*'a giriştir. Ve çok önemlidir çünkü kişinin kendisini ve dünyasını gözlemlediği bölümdür. Bu gözlem içinde kişi, olayları fark ederek onlardan arınması veya arınmaması gerektiğini anlayacaktır.

Live Alive karar verenlerin çalışmasıdır.

Çünkü kişi değişim kararı vermediği sürece hiçbir çalışma veya sistem hiçbir zaman faydalı olmayacaktır. Bu zorlu yolculuk, denemek amacıyla veya seçimler içerisinden yapılan bir uygulama olursa sonuçları ağır olur. ***Farkındalık oluştuktan sonra geri dönmeye çalışmak Araf'ta kalmak gibidir. Ne geri dönebilirsin ne de ileri gidebilirsin. Kaybolmuş bir ruh gibi olursun.*** Bu yüzden bu çalışma yüzde yüz karar gerektirir. *Bu kitap bilgi vermek veya iyi vakit geçirmek amacıyla yazılmamıştır.*

Devam edebilecek misin?

İnsan düşünür böylece anladığına inanır. İnsan kimin düşündüğünün, kimin yaşadığının farkında olmadığı sürece, rüyada yaşadığı deneyimlerden farklı olmayan hayatlar yaşayacaktır. Ama hiçbir zaman gerçek ve Hakikat dolu bir yaşamı olmayacaktır.

Şimdi bu yazıyı okuyan kim, farkında mıyız? Beğenen ve beğenmeyen kim, farkında mıyız? Hatta farkındaysak, farkında olduğunu söyleyen kim farkında mıyız?

Kararlı ol

Karar almak bütünselliğin sonucudur. Bütünsellik ruhen, kalben ve beynen "bir" olmaktır. Korku ve endişenin olduğu yerde bütünlük yoktur. Sadece seçim vardır. Seçim korkunun ve bölünmüşlüğün sonucudur. Seçim özgürlük değildir. Seçim zamanla ilgilidir, bölücüdür. Bu ikilik ve bölünme, sonunda "keşkeleri" getirir.

Karar içsel bir bütünlük içinden oluşan eylem halidir.

İnsan şimdi Karar almalıdır! Ancak aldığı karar dış dünyada ne yapacağı ile ilgili değil, kendi içsel bütünlüğü ile ilgili bir karardır. Bunun oluşumu için yüksek sorumluluk bilinci gerekir.

Kendinizden sorumlu musunuz?
Ancak sorumlu olan söz verebilir.
Ancak söz vermek de dış dünya ile ilgili değildir.
Şimdi söz vermelisin... Kendin için...
Şimdi sorumluluğunu al!
Bu senin korkunu yok edecek,
Şimdi kararlı ol!
Bu kendinle ilgili söz vermeni sağlayacak,
Doğru zaman, doğru yer yoktur,
Doğru karar da yoktur,
Bütünlüğü olan vardır...
Ne mutlu bunu anlayana...
İnsan var olma ve var oluş arasında kaldığı sürece bu sorular anlaşılmaz olacaktır. Bir parça farkındalık ve hatırlayış, bütün yaşamı değiştirebilir.
Uyandırabilir...

DEĞİŞEN DÜNYAN

Bilir misin? *Live Alive* tekniğini beyin bilir ve kendisi için faydalı olan dönemlerde kullanır. Alzheimer hastalığı veya unutkanlık diye bilinen durumlar buna örnektir. Alzheimer beynin kendini korumak için yaşadıkları ile arasına mesafe koymasıdır. Kişi yaşlandıkça yaptığı eylemler hakkındaki sorgulaması sonucunda dayanılmaz bir acı yaşar. Bu acının sonunda kendisini korumak için bir duvar örer ve bazı yaşanmışlıklarını bilinçaltına atar. Bazıları da ciddi bir korku içinde yaşar ve dış dünyaya karşı kendilerini devamlı olarak korumaları gerektiğine inanırlar. Bu oluşum da aynı şekilde dış dünyaya karşı bir içsel duvar örerek sahte güvenlik sağlamalarına neden olur. *En üzücü olan da ördükleri bu duvarlar arasına güvensiz kişiliklerini hapsetmeleridir. Live Alive* ve zamansız yaşayan, anın içinde olanların genellikle dış dünyada unutkan olarak görülmelerinin bunlarla hiçbir ilgisi yoktur. Özellikle bu "duvar örme" sendromu son derece tehlikelidir çünkü herkesi yargılayan ve şüphe içinde bakan bir kişilik geliştirmişlerdir ve yarattıkları bölücü ve ayrımcı bir oluşumdur. Bu kişiler dış dünyaya müthiş bir negatiflik yayarlar. Bulundukları ortamlarda huzur bulmak zordur. Küçük yaşlardan itibaren ailelerine karşı da koruma içinde olmayı çözüm olarak görürler ve yalnızlık içinde var olmak isterler. Sevgi sandıkları bağımlılık; hastalıklı bir hal alır. Görev odaklılık içerisinde; kafalarına taktıklarını devamlı büyüttükleri bir oluşum içinde yaşarlar. Bu "izm" denilen kavramların yaratmış olduğu kişiliklerdir. Bunların hiçbirinin *Live Alive* ile ilgisi yoktur. Psikoloji bu konuları zaman kavramı ile çözmek ister. Çünkü bütün bu oluşumlar geçmiş zamanda yaşanan olayların etkisiymiş gibi durur. Ancak bu kişilerde geçmiş, şimdi de yaşanmaktadır. Ve sistem bu çözümle suçlular yaratmaya devam eder.

Bütün bu saçmalıkları zaten biliyorsunuz. En sonunda haplarla beyni rahatlatmak ve uyuşturmak suretiyle toplum içinde tehlike arz etmeden yaşamalarına olanak sağlayarak sorunu çözdüklerini düşünürler. Böylece artık kimseye zararlı değillerdir. Hayır zararlıdırlar! Çünkü içlerindeki enerji dış dünya tarafından algılanır. Bu algılanma sende negatif enerji olarak adlandırdığın hissi yaratır. Eğer *Live Alive* ve farkındalık içinde değilsen; senin için bu enerji negatiftir, düşüktür ama çekim gücü çok yüksektir. Farkındalık olmadığında bu çekim gücüne yakalanırsın. Çünkü aynı durum sende de vardır. Belki yüzde 1 belki çok daha fazla... Ve sen ondan da, dünyandan da bağımsız değilsindir. Belli ki yüzde 1 de olsa sende de bu oluşum vardır. Bu negatif enerji uzaydaki kara delik gibidir ve çok güçlüdür. Çok büyük bir hızla çeker. Sen içine girdiğin an itibariyle; bu yüzde yüzde 1'lik oran çok daha yüksek bir seviyeye çıkar. ***O kişiyi sevmediğini söyleyen sen, onun hareketlerini beğenmediğini söyleyen sen; bire bir o olmuşsundur. Yargılayan olduğun için şimdi yargılanan olmuşsundur.*** İşte bu yargılama halk içinde herkesin severek yaptığı dedikodudur. Dedikodu neden bütün öğretilerde yasaktır? Çünkü konuştukça o düşünce sende yer etmeye başlar. Ve konuşarak o düşünceyi büyütürsün. Büyüyen düşünce seni sarar ve sen "O" olursun. Ama ne üzücü ki; farkında bile olmazsın. *Live Alive* çalışmasındaki en pratik yollardan biri de; çevrenizde ve işyerinizde var olan bu tip insanlarla görüşmek istememenizin bir kaçış olduğunu ve korkunun sonucu oluştuğunu biliyor olmanızdır. Ne yazık ki er ya da geç bununla karşılaşacaksın. Şimdi kendini test etmen ve çalışman için önemli bir fırsat var.

Hem de onun kim olduğunu biliyorsun!

Şimdi senden onu sevmeni ve her gün beraber olmanı istemiyorum. Senden onunla beraberken Live Alive içinde olmanı istiyorum. Senin en önemli hocan ve öğreticin, guru'n O.

Şimdi çalışmaya başla. Ne zaman onunla buluşsan aslında onunla buluşmuyorsun. Hafızanda yarattığın imge ile buluşuyorsun. Gelecek sefer onunla buluştuğunda; onunla ilgili aklına ne gelirse nefes almanı ve nefesini izlemeni istiyorum. Onu her düşündüğünde ve gördüğünde nefes almanı, nefesini genişletmeni istiyorum. Beynin onunla ilgili iyi veya kötü ne söylerse farkında olmanı ve yeniden nefesini izlemeni istiyorum. Hatta bu çalışmayı onun yanındayken de; o yokken de, beynindeki hatıralar ve yarattığın görsel ile de yapmanı istiyorum. Bu çalışmayı yaptıkça sende o kişi ile ilgili bir oluşum var olmayacak. Aksine her seferinde aranızdaki boşluk açılacak ve genişleyecek. Ve siz boşluğun yaratmış olduğu yeni bir alanda buluşacaksınız. Bu sayede, o kişi artık sende enerji kaybı yaratmayacağı için daha net görmeye başlayacaksın. Aranızdaki boşluk artacak. Ve sen onunla ilgili geçmiş ve gelecek ne varsa, her şeyi görmeye ve anlamaya başlayacaksın. Bu duygusal (-emotional) oluşumlarını durduracak. Artık duygularınla, beynindeki geçmiş imgelerinle, hatta yargılarınla bakmayacaksın.

Neyse onu göreceksin. Gördüğün şey ve gören farklı değildir. Çünkü gören boşluktur. Ve o boşluğun içinde artık sen olmadığın için gözlemci de olmayacak.

İkilik yok olacak. Bu, müthiş bir anlayış ve sevgi oluşturacak.

İşte oluşan bu boşluk ve sonunda var olan bu alan, o kişinin yeniden var olmasıdır. Artık o kişi yenidir. Çünkü boşlukta yeniden var olmuştur.

Farkında mısın? *Onunla ilgili kendini kurtarırken, aynı zamanda onu da kurtarmış olacaksın.* Çünkü "Sen ve O" bir değişim sürecinde yeni birer alan olmuş olacaksınız. Yani yeni birer beden.

Bu beynen anlaşılamaz. Test et ve yaşa!

Değişim denilen var olmaktır. Eskinin değişimi değildir bu... Yeninin var olmasıdır. Yaşanan alan içindeki diğer alanlar yani bedenler formlara göre sende de, onda da bir değişim gözlemleyebilirler. Bu bir kişinin değişimi ile dünyanın değişimine giden yolun aktarımıdır. *Live Alive* çok güçlüdür!

Değişmeyen değiştiremez,
Yenilenmeyen yenileyemez,
Verimsiz toprak verimli ürün veremez,
Cansız olan canlı bir şey yaratamaz...
O zaman sen niye uğraşırsın?
Bilinmez bilinir olmadan,
Senin için her şey zaman tüketmek
Yani kendini bitirmektir!
"Sen" bitmeden dünyan düzelmez...

GÖREN GÖZLER AÇILDI

İnsan görür, gözleri ile bakar ve görür. Doğrudur. Ama insanın gördüm dediği nedir? İnsan gerçekte neyi görür?

İletişim uzmanları bakmak ve görmek arasındaki farka hep dikkat çekmişlerdir. Ancak *Live Alive*'ın bahsettiği mikro seviyedeki yaklaşım değildir. Bunu daha derinden incelemek gerekir. Bu, *Live Alive*'da üçüncü ve dördüncü bölümlerdir.

Live Alive sorar, görmek ve anlamak aynı şeyler midir? Görürsünüz ama anlamak istediğiniz gibi görürsünüz bu da sizi kör eder. Örnek olarak bir insan size kötülük yaptıysa onunla ilgili bir imgeniz oluşmuştur. Ve artık o kişiye baktığınızda, gördüğünüz her daim kötü bir insandır, öyle değil mi? Bu durumda gören geçmiştir; anlayan, anladım biliyorum diyen geçmişte yaşayan kişidir. Öyle değil mi? Bu durumda gerçeği göremezsiniz ve gerçeği tüm çıplaklığıyla görmediğiniz sürece anlamanız da mümkün değildir. Kişi gerçeği göremezse hiçbir zaman Hakikati anlayamaz. Görmek için gözler yeterli değildir.

Bir gün bir peygamber dağlara doğru koşmaya başlamış. İnananları onun peşinden... "Dur! Nereye gidiyorsun?" demişler.

"Kaçıyorum" demiş.

"Neden?"

"Görmeyen gözlerden kaçıyorum."

Demişler ki: "Ama Sen körleri dahi iyileştirdin, neden kaçıyorsun?"

"İnsanın kalp gözü kapalıysa anlaması mümkün olmayacaktır. Onlardan kaçıyorum..."

Şimdi sormak istiyorum, insan bakar, görür ve bir anlam mı oluşturur? Yoksa bakan kimse öyle görür ve bakanın bildiği anlamı mı oluşturur? Lütfen bir sonraki cümleye geçmeden önce en az üç dakika düşünün ve derinden inceleyin.

Ne buldunuz?

Şimdi beraberce inceleyelim.

Kişi daha önce tanıştığı birine, yaşadığı bir olaya, eşine, iş arkadaşına veya kendisine baktığında tanıyordur ve bakan baktığını biliyordur, öyle değil mi? O zaman bakan kişi gözleri ile görür ve beyin baktığı kişiyi tanımlamaya çalışır. Bu durumda hafızasının içinde onunla ilgili ne varsa onlar canlanır ve onu hafızasındaki kodlaması ile görür, öyle değil mi? Siz baktığınızda bir kadın görürsünüz. Beyin kim bu diye bakar, sonra hafıza devreye girer ve bu annem der.

Söz konusu kişi ilgili yaşanmışlıklarından imgeler oluşturmuştur ve o gözlükle bakmaya devam eder. Ama bakan kişi geçmiş denilen hafızanın baktığı kişidir. Hafızasında annesi ile yaşadıkları onda olumlu bir izlenim bıraktıysa bakan onunla ilgili olumludur ve o yönde görür. Bu durumda gören de hafızasından gördüğüne göre gören de hafızadır öyle değil mi? Evet veya hayır demeyin. Lütfen dikkatle kendiniz gözlemleyin. Bu durumda bakan ve gördüğünü sanan hayal dünyasında bir filmde yaşayan ama Hakikat içinde olan değildir. Bu bir rüyadır ve rüyada yaşıyordur. Ama bu rüya hep aynı yönde gelişen yatay bir rüyadır. Bu durumda değişim mümkün müdür? Ya da daha doğru soru, bu durumda değişim nasıl tanımlanır? Değişim bu rüyadan uyanmak ve olanı olduğu gibi şimdi, şu anda saf ve temiz bir şekilde görmektir. Gerçekten görebilmek için bakan kişi nasıl olmalıdır? Tabii ki yeni, temiz, saf ve masum olması gerekir.

İnsan nasıl yeni, temiz, saf ve masum olur? Bu ancak, hafızasında tüm kodlamalardan kurtulup özgürce baktığında mümkün olur. Böylece bakar, görür ve anlamı da anlar. Peki, nereden başlamalı? Tabii ki bakandan... ***Bakan uyanmalı yani geçmiş denilen tüm hafıza kodlamalarından özgür olmalı...***

Kişi aynı şekilde öncelikle bakanı görmeli ve anlamalıdır. Şimdi şu anda olduğu gibi. Biz esasında bakanı gözlemledik ve bakanın geçmişle baktığını fark ettik. Bu durumda bakanın kör olduğunu aslında hiç görmediğini ve geçmişte yaşadığını anladık.

Bu anlayış bizde önemli bir değişim yaratır ve bakışımız değişir. Anlam anlayışı doğurur. Bakan yeni olduğunda bakılan da yenidir. Bakılan ve bakanın yeni olması, ikisinin de boşluk içinde olduğunun belirtisidir.

Boşluk içinde olduğunuzda bu durum yüksek bir enerji oluşturur. Bu aydınlanma; olanı da, olanın ötesindekini de, soyutu, somutu geçmiş ve geleceği yani bütünü görmenizi sağlar. Bütün tek bir sıfat veya imgeyle anlatılamaz, Hakikat tarif edilemeyende varlığını devam ettirir. Anlamak ve anlamı görmek müthiş bir sessizlik gerektirir. Eğer bu saf sessizlik yoksa anlama yoktur ancak kişi anladığını sanmaktadır. Bu yüzden *Live Alive* üçüncü adım beynin terbiye edilmesidir. Bu adıma gelene kadar beyin çocuk gibidir. Şüpheci, çok konuşan bir çocuktur.

Live Alive sonsuz bir boşluktan gelir. Sözlerin ve kelimelerin yetmediği bir an vardır. Eminim hepiniz hayatınızın bir döneminde bunu yaşamışsınızdır. Özellikle sevgiyle dolduğunuz anlarda kelimelerin yetersiz kaldığını hissetmişsinizdir. İnsan bu anları sözlere dökmeye çalıştıkça o an boşluktan çıkar. Anlam kaybolur. Zayıflar. İnsan sevdiği kişi ile sessizce bir süre beraber kalsa, o sessiz an derinleşir ve derinleşme içinde enerji artar. O an sevginin sınırsız olduğu hissedilir. Hemen beyin devreye girer ve bir şeyler söylemelisin, yoksa ilgisiz görünürsün diye konuşmaya başlar. İşte o anda farkındalık kaybolur ve beynin saçmalıkları devreye girer. Dünyanın tüm gereksiz sözlerini söylemeye ve eylemlerini yapmaya başlarsın. İşte bu da bulduğun hazineyi kaybetmektir.

Yıllar içinde *Live Alive* çalışmalarına tekrar katılanlar "Bu defa çok farklı oldu" derler. Çünkü *Live Alive* çalışması temel bir yaklaşım içinde olsa da yenidir. Amaç *Live Alive* ise ve bütün çalışma bir boşluk içinden varoluşu aktarıyorsa o zaman her çalışma ismen aynı olmakla birlikte içerikte yeni bir boşluktan var olmaktadır.

Yeni bir şey ancak sessizliğin içerisindeki o müthiş boşluktan gelir.

Bu eğitim değildir. Bu boşluğun içinden gelenin aktarımıdır. Dinleyen ve anlamak isteyen için de durum aynıdır. Beynin sessizleşirse (içsel alanın dışına çıkarak hiçbir hedef ve amaç olmadan sessizleşirse), o da boşluk içinde olacaktır. Bu oluşumdayken aktarıcı ile katılımcı arasında birlik oluşur. Burası artık birliğin ve zenginliğin oluştuğu yerdir.

İşte bu saflık oradan çıkan her varoluşun soyuttan somuta nereden var olduğunu bilecek ve görünmeyeni görünür yapacaktır. Bu durumda, işte tam bu anda, anlamı görmek ve anlamak mümkün olacaktır. Bu, gerçeği görmek istediğiniz her an uygulanmalıdır.

Sadece *Live Alive* çalışması içerisinde değil, kişi o an için kendisini anlamak, iş ve özel hayatını fark etmek için de bunu uygulamalıdır. Bu aynı zamanda yaşarken meditasyonun da ne olduğunu anlamaktır. İnsan bu haldeyken çok yüksek bir enerjiye sahiptir. Ve bu oluşumun içinde kaldığı sürece zamansızca anlam üzerinde çalışabilir. Burası bilgeliğin de oluştuğu yerdir. Bilgili olmak başka, Bilge olmak başka bir şeydir. Bilge anlamı görür, bilgili ise bilgiyi hafızaya alır, ezberler ve o konu hakkında bilgi sahibi olur. Bilgisayardan bir farkı yoktur. Ama unutma ki, bilgisayar bunu her zaman tüm bilgili insanlardan daha hızlı ve yanlışsız yapar. Üzücü olan ise bütün eğitim sistemlerinin bilgili insanlar yetiştirmek üzerine kurulmuş olmasıdır.

Sonunda bunca bilgi içinde cahil bir dünyaya sahip olduk.

Ne zaman bütünlüğünüz ile karşılaştınız,
Ne zaman kendinize yakın olmaya çalıştınız; işte o zaman huzur ve mutluluk beklemeyin.
İçinizdeki bütün nefret, kötülük, kıskançlık ve kendinizle ilgili tüm korkular ortaya çıkacak. Ve sizi çok rahatsız edecek.
Bunları fark ettiğinizde ise kaçmak isteyeceksiniz.
Ve evet kaçın...
Çünkü bu yolculuk zor bir süreç olacak.
Bitmeyen, ama sizi bitiren...
Ne zaman bittim dediniz,
İşte o an sizin olmayan tüm negatif oluşumlar yok olacak
Ve siz gerçek siz olacaksınız.
O zaman bu ikilik yok olacak.
Ölü evinde dans edeni kim sever? Sadece ölü olmayanlar!
İşte kavga bu...

Live Alive

4. ve 5. Adımlar

BİLİNMEYENE YOLCULUK

Boşluk

Uzayda boşluk olmazsa Dünya dönemez. Eğer insanoğlu da kendi içsel dünyasında boşluk yaratmazsa veya yaratmış olduğu boşluğu koruyamazsa enerjisi yavaş yavaş yok olur. Eğer boşluğunuzu düşüncelerle ve olaylarla doldurursanız enerjiniz yok olur, enerji yok olursa hiçbir şeyi var edemezsiniz. Başarınızın tek kaynağı enerjinizdir.

Fakat olan şu: Başta düşüncelerimiz olmak üzere, korkularımız ve kaygılarımız o boşluğu doldurmaya başlıyor. "Ne olacak? Nasıl olacak? O neydi? Bu neydi? Onu bana neden yaptı?"

Sonra dış dünyadaki, yani harici hayattaki olaylarla, yaşadığımız bir sürü sorunlarla, sıkıntılarla, dertlerle ve tasalarla doluyoruz, boşluk kalmıyor. Boşluk kalmayınca ne oluyor? Siz yavaş yavaş yok oluyorsunuz. Fakat orayı dolduran maddeler ve düşünceler, sizin enerjinizle var olmuşlardı, artık enerji gelmeyince de var ettikleriniz yok olmaya başlıyor. Bütün zincir yok oluyor...

Sizin en büyük sorumluluğunuz o enerjiyi koruyabilmektir. Ancak o enerji sabit değildir, değişkenlikler içerir. Sizin oluş durumunuza göre, o enerji alanlar yaratır. Boşluk içerisinde alan da oluşur. O alan sıkıştırılmış boşluk demektir. Sıkışınca, moleküller maddeyi oluşturur. Siz o maddesiniz.

Kendim diye tanımladığınız, aynaya baktığınızda gördüğünüz; sizin oluşturduğunuz bir şeydir... Aslında siz bir boşluksunuz. O boşluk, alana, alan da siz olan maddeye dönüşüyor. **İşte *Live Alive* gerçeği budur.**

Fakat madde olduğunuz için o kadar gerçeksiniz ki, elle tutup koklayabiliyor, hissedebiliyorsunuz, algılayabiliyorsunuz. Beyin bunu daha gerçek zannediyor ve kendisinin nereden oluştuğunu unutmuş vaziyette... Bu sefer kendine tapmaya başlıyorsun. Çünkü sen olan madde senin için çok önemli; o olmazsa yaşayamazsın. Ve sen boşluğu bırakıyorsun, unutuyorsun tamamıyla...

Fakat sana enerjiyi veren o boşluktu... Temelden kopuyorsun. Aman dikkat! Bu enerji, o kişisel gelişim denilen enerjilerinden değil. Kişisel gelişimin ötesindeki bir şey. Kavram gereği kendini imgelendiriyor ve sıfatlandırıyorsun. Başarılı, kendi ayaklarının üzerinde duran biriyim, bin kişiyi yöneten bir müdürüm, anneyim, babayım diyorsun. Ve sen; taptığın, olmazsa olmaz bir varlık haline geliyor ve asli yerden, yani sana enerji veren ana kaynaktan kopmaya başlıyorsun. Ruhun bedenden koptuğunu düşün... Beden bir süre daha devam edebilir ve sen onun yaşadığını zannedebilirsin. Örneğin buradaki ışıkları kapatırsam birkaç salise sonra sönüyor, aynı bunun gibi insan bedeni de yavaş yavaş sönüyor ve yok oluyor.

Aslında ölmüş vaziyette; gerisi sadece tabuta girene kadar geçen zaman. Bu sebeple Live Alive senin ana gerçeğe dönmeni sağlayan ve hiçbir zaman boşluğunu doldurmamanın gerekli olduğunu anlatan önemli bir uygulamadır. Çünkü sen boşluk olduğunu ve her şeyin bu boşluktan geldiğini fark edersen; o boşluk senin olmazsa olmaz ana sorumluluğun haline gelecek. Ana sorumluluğun boşluğu korumak. Önce bu boşluğu algılaman lazım çünkü sende farklı farklı oluşumlar yaratıyor. Eğer şu anda çok yüksek bir enerjiye sahipsen, o boşluk farklı bir alan yaratıp farklı bir madde yaratıyor. Veya şu anda çok öfkeliysen farklı bir alan yaratıp farklı bir şey oluşturuyor. Senin bir sorumluluğun daha var. O alanın o anki durumunu anlayıp, ne yaratabileceğinin farkına varabilmek... Biz buna bilinç diyoruz. ***Yaratmadan önce ne yarattığının farkına varabilme kabiliyetidir bilinç.***

Eğer bunu fark edemezsen dünya kocaman, sen küçücük kalırsın ve olaylar seni yönetmeye başlar, sen olayları değil... ***İnsanoğlu sorumsuz olduğu için eylemleri de sorumsuzdur.*** Bir ormanda yaşadığını düşün. Bir gün aslan saldıracak, bir gün yılan sokacak, yiyecek bulacağım, yiyecek bulamayacağım... Devamlı bir kargaşa, bir kaotik yapı... İşte insanoğlu böyle yaşamaya çalışıyor ve orada var olmaya çalışıyor. Halbuki yazan o, bütün programı hazırlayan kendisi... Bunu unutmuş, içeride oyuncu olmuş, geziniyor bilinçsizce... Bir hatırlarsa senarist olduğunu, bütün ormanın sahibi olduğunu anlayacak. Bütün dünyanın bir oyun olduğunu, bunun bir keşif dünyası olduğunu fark edecek.

Ben farklı bir enerjideysem, bu enerji maddeye dönüyor ve ben o enerjiyi maddesel boyutta keşfediyorum, test ediyorum. ***Bir şeyi fark etmelisin; boşluk, alan ve madde üçlemesi senin ana döngün aslında... Boşluk da sensin, alan da sensin, madde de sensin. Boşluk alanı yaratıyor, alan maddeyi yaratıyor. Madde boşluğu yaratmıyor, madde alanı yaratmıyor. Madde sonuç.*** Fakat insanoğlu madde üzerine yoğunlaşmış vaziyette. Maddeye daha çok sahip olmalıyım, maddeyi değiştirmeliyim, maddeyi öyle yapmalıyım, maddeyi böyle yapmalıyım... Temele dönemiyor. Temel kaybolduğu için de bir yansıma içinde, bir hayal dünyasında yaşamaya çalışıyor.

NE VAR ETTİN?

Madde

Madde ben, sen; madde bu kitap, beş duyu ile algılamış olduğumuz, sahip olduğumuz her şey...

Maddeye tapmaya başladığında, seni onların var ettiğini zannediyorsun. Eğer böyle yaşıyorsan büyük bir yanılgı içerisindesin çünkü maddenin oluşması için enerji veren sensin. Fakat maddenin seni yarattığını düşünüyorsan, sırf sen ders al ve anla diye o madde senden gidecek. Tam tersten bakarsak sen o maddeye enerji veren olmadığın sürece maddenin var olması mümkün değil. Maddenin var olabilmesi için senin o maddeye enerji vermen lazım. Bu çok çalışmak demek değildir. İnsanoğlu çalışmayı karıştırır. Çok çalışırsa sahip olacağını düşünür. ***İnsan sadece ve sadece olursa sahip olabilir. Sahip olursa olabileceğine inanmak bir yanılgıdır. Sahip olarak olabileceğine inanıyorsan; çok paran olursa, zengin olursan, birçok unvanın olursa süper bir hayat yaşayacağını düşünüyorsun. Tam tersi sen olmuşsan onlar olur. Tam zıddıdır aslında...***

Bu yüzden *Live Alive – Canlı Yaşam* çalışması bu oluşumun farkındalığını artırmak üzerine yapılan bir çalışmadır. İnsanlar önce problemleri yaratırlar ancak kendi yarattıkları dünyalarının farkında değildirler. Çünkü gözlerle görüp beş duyu ile algılayınca hakikati yitirir ve her daim çözüm ararlar. Olması gereken; olmadan önce çözmek, savaşmadan kazanmaktır. Bir kere düşün! Düşüncelerle, olaylarla, dış dünya ile aranda bir boşluk bıraksaydın, enerji kaybı olur muydu? Bir kere düşün! Düşüncen ve olaylarla aranda boşluk bıraksaydın, beynin gerçeklik algısı değişecekti ve bütünsel bakabilecektin.

Kendini aynada görmek istiyorsan ayna ile aranda bir boşluk olmalı. Unutma ki bu boşluk oluşmadığında, beyin yaşadığını gerçek sanarak bedenini de harekete geçirmek için kimyasal salgılarını yaymaya başlayacak. Bu durumda bilinç yok olacak, mantık yok olacak; yani sen yok olacaksın... Kimyasal salgın seni yönetmeye başlayacak. Bunun sonucu "keşkeler" ve pişmanlıklar...

İşte *Live Alive – Canlı Yaşam* çalışması bunların oluşumunu durduran önemli bir uygulamadır. Bu yedi adımlı çalışma beyinde yararlı bir alışkanlık haline getirildiğinde; yeni dünyanızın kapıları açılmış olacaktır. İnsan *Live Alive* yaşadığında sonsuz ve limitsiz bir oluşum başlar.

Hayat bizi dış dünyaya çok bağlıyor çünkü hayatımızı dış dünyaya göre kurmaya çalışıyoruz. Bütün zaman ve yatırımlarımızı dış dünyaya yapıyoruz. Ve bir gün çok acı bir şekilde bu yatırımlarımızın çare olmadığını fark ediyoruz. Bizi o anda uyaran bu müthiş öğretiyi göremiyoruz. Ve hatayı günün koşullarında veya size yapılan haksızlıklarda bularak, asla vazgeçme motivasyonları ile yeniden devam ediyoruz. Bu acı hayat ve labirent, anlık başarılar ve mutluluklar içinde bizi uyuşturuyor.

Çözüm ne yapmanızda değil, ne yapmamanızda bulunabilir. Bağımlılık yarat sonra bu bağımlılığın esiri ol!

Maddenin, maddeyi yaratandan değerli olduğunu düşündüğümüz sürece çözüm imkânsız!

Canlı yaşa canlandır...

KÜLKEDİSİ SENİ Mİ ANLATIYOR?

Masalı hemen hemen herkes bilir. Annesi ölünce ve babası yeniden evlenince üvey anne ve iki üvey kız kardeşine hizmetçilik yapmak zorunda kalan Külkedisi bir gün bile şikâyet etmeden, sevgi ve saygısını yitirmeden, bunlar neden başıma geldi demeden, kendisine layık görülen tavanarasında yaşar ve verilen tüm işleri yapar. Prensin kendisine eş seçmek için ülkenin tüm genç kızlarını davet ettiği balo günü gelip çattığında, üvey annesi ve kardeşleri tarafından baloya götürülmez. Buna çok üzülen Külkedisi ağlarken Peri Anne çıkagelir ve sihirli değneğiyle balkabağını arabaya, fareleri atlara, kertenkeleleri uşaklara, Külkedisi'nin yırtık pırtık elbiselerini nefes kesen harika bir elbiseye, eski ayakkabılarını ise pırıl pırıl parlayan camdan ayakkabılara dönüştürür. Artık Külkedisi baloya katılabilecektir fakat sadece gece yarısı saat 00.00'a kadar. Çünkü gece yarısı sihirle dönüştürülen her şey eski haline dönecektir. Külkedisi baloya gider, prens ona âşık olur fakat zamanın nasıl geçtiğini anlamayan ve Peri Anne'ye verdiği sözü unutan Külkedisi saatler gece yarısını vurduğunda telaşla balodan ayrılırken camdan ayakkabılarından birini sarayın merdivenlerinde düşürür. Prens âşık olduğu ve evlenmek istediği kadını bulmak için cam ayakkabıyı ülkedeki tüm genç kızlara denetir fakat ayakkabı hiçbirinin ayağına olmaz. Sonunda Külkedisi'nin evine gelir, üvey anne ve kardeşler onu tavan arasındaki odasına kilitlemiş olsa da, Prens tam evden ayrılırken Külkedisi'nin söylediği şarkıyı duyar ve evde bir genç kız daha olduğunu anlar. Tabii ki ayakkabıyı denettiğinde ayakkabı Külkedisi'nin ayağına tam oturur, Prens âşık olduğu genç kızın Külkedisi olduğunu anlar. Evlenip sonsuza kadar mutlu yaşarlar.

Bu masalda:

– Acaba sihirle dönüştürülen her şey eski haline dönerken cam ayakkabı neden aynen kalır?

– Ayakkabı neden camdandır?

– Sihir neden gece yarısı 00.00'da bozulur?

BİLGELİĞİN OLUŞUMU

Live Alive

İnsan bir şeyi var etmek ve yaşamak istiyorsa yüksek seviyede enerjiye ihtiyaç duyar. Kişi enerjinin içinde kendisinin enerji olduğunu anladığında, bu oluşum bütün korkuların ve çaresiz bakış açılarının sonu olacaktır.

Live Alive bilgeliğin oluşumudur. Kişi okudukça ve yaşadıkça bilgili olacaktır. Bazı açılardan doğrudur. Ancak bilgili olmak ile bilge olmak birbirlerinden çok farklıdır. İnsan bilgi edinerek ancak bilgi haznesini genişletebilir. Bu da bazı işleri yaparken hayatında ona kolaylık sağlar. Burası kesindir. Peki, "Bilge" kimdir? İkisi arasında çok ince bir çizgi oluşmuştur. Bu ince ancak çok güçlü bir çizgidir. Bu durum Âdem'in cennetten düşmesine neden olmuştur. Düşüşün asıl sebebi ise elmanın dışarıda olduğuna inanmaktı... Cennette iki ağaç vardı. Biri ölüm diğeri bilgi ağacı... Âdem ölümü anlamak ve tanımak istedi. İlk elmayı yedi. Ardından büyük bir korkuya kapıldı. Bu ilk duygu idi... Bu korku ile ikinci ağaca gitti. Orada da bilgi meyvesi vardı. Eğer bilgili olursa korkusunu yenerek sorunu çözebileceğini düşündü. İşte bu yanlış algı halen devam etmektedir. Kişi bilgili olursa sorunları çözebileceğini düşünür. Gerçekten böyle midir? İnsanlık, tarihi boyunca bilgi ile sorunlarını çözebilmiş midir? İnsan ne zaman kendinden dışarıya doğru bir olgu yarattıysa o zaman problemlerin daha büyüğünü var etmiştir. *Live Alive* içinde yaşam; bilgiyi ve olayları kesinlikle dışlamaz veya önemsiz görmez. Hiçbir olay bizim dışımızda oluşmaz. Dışarıda oluşan bütün olaylar ve biz bir bütünlük içinde var oluruz. Ancak *Live Alive* uygulayıcısı dikenli bir bahçede yürürken şikâyet etmeyendir.

Çünkü o, bilmeyen için dikendir.

İnsan atmosferin içinde havayla yaşar. Ondan ayrı değildir. Ve ne zaman bir şeyi dışlarsa, bu bütün sorunların başlangıcı olur. Bilginin senin dışında olduğuna inanmak, dünyanın senden ayrı olduğunu sanmak; hatta Yaradan'ın sadece göklerde bir yerlerde olduğunu düşünmek; işte bütün sorunların ana nedeni budur. Bu inanış olduğu sürece *Live Alive* her daim sizler için bir bilgi olarak kalacaktır. Siz onu sizden dışarıda bir şey olarak algılamaya devam ettikçe ve ona kavuşmaya çalıştıkça; imkânsızlık her gün yüzünüze bir tokat gibi vuracaktır. ***Bir konuda başarılı olmak istediğinizde, O olun. Neyse, O olun. O olduğunuzda sizin için bilmediğiniz hiçbir şey kalmayacaktır.*** Kişi iyi bir konuşmacı olmak istiyorsa aynı bir oyuncu gibi, O olmalıdır. Düşünün, en iyi konuşmacı veya en başarılı işadamı olduğunuzu hissedin. Bu bir oluş durumudur ve o anda bilgiyi içsel olarak hisseder ve yaşarsınız. Dünyadaki tüm karakterler sizin bilginiz ışığında var olmuştur. Kişi bedenini bir oyun bahçesi gibi kullanmalıdır. Beden dış dünyada var ettiklerinizi anlamak için kullandığınız bir formdur. Sizinle beraber devamlı olarak değişim içindedir. Hiçbir zaman sabit kalamaz. Sabit kalmasını isteyen görünmeyeni ve soyut kavramı anlamak istemeyen, maddesel beyin yapısıdır. Bu yüzden *Live Alive – Canlı Yaşam,* sizin oluş durumunuzla güçlenir ve gelişir. Buna giden yol Olmaktır. Olduğunu bilmektir, olacağı var etmektir. Dünyanızda olup biten her şey, sizi var eden yüksek enerjiye ihtiyaç duyar. ***Kişi kendi oluşumunu anlarsa diğer her şeyin de varlığını anlayacaktır.*** Yaşamış olduğun bu hayat yani sen, senin var ettiğin oluş durumundur. Sen dediğin esasında tarif edilmeyen Boşluktur. Boşluk, oluş durumu içinde; var etmek istediği şeye dikkat ve odağını vererek bir alan oluşturur.

O alan devrimsel bir döngü içinde maddenin oluştuğu yerdir. Bazı öğretilerde boşluktan bahsedilmişse de o anlatılan alandır. Alan oluş yeridir.

Sorumluluk senin var edebileceğin o alanı kapsar. İnsan neyi var ettiğini bilseydi, bu, hayatının en korkulu anı olurdu. Oysa insan bu sorumluluğu, düşünce içerisinde oluşturduğu görünen ve görünmeyen olgulara adamıştır. Hiçbir zaman sorumluluğunu almak istememiştir. Çünkü alan ve alanın içindeki oluşum oluşturulandır. Oluşturulan, hiçbir zaman sorumluluk alamaz. Bu onun yaratılış seviyesinde mümkün değildir. ***Değişim hiçbir zaman o alan içinde var olamaz, ama değişmeliyim diyeni var edebilir.*** Fakat değişmeliyim diyen hiçbir zaman değişmeyecektir. Çünkü değişim eskiyi komple bırakarak yeni bir boşluk yaratmak; oradan yeni bir alan oluşturup var etmek suretiyle mümkün olur. Sen, sen olduğun sürece bu mümkün olmayacaktır. Şimdi soruyorum enerji boşluk olduğuna göre, yüksek bir güç olduğunu unutan sen, evine nasıl geri döneceksin? Bu dönüş gerçekleşmediği sürece insan yarattığı bu labirentten hiçbir zaman çıkamayacaktır.

Lütfen benimle aynı fikirde olmayın çünkü anladım dediyseniz, bu aktarılan ve anladığınız aynı olmayabilir. Anlamadıysanız veya kabul etmediyseniz bırakmayın. Bu bölüm pozitif bir şüphe gerektirir. Şüpheci olun ve daha derin araştırın.

Sorgulayın.

Var etmediğin bir şeyden sorumlu olabilir misin?

Değiştirmeye gücün yoksa sorumlu olabilir misin?

İçinde sevgi yoksa dışarıdan alabilir misin?

Ey insan lütfen sorgula!

İnsanoğlu kendisini unutmanın vermiş olduğu algı ile edindiği; zamanın var olduğu ve yaşıyor olduğu algısına kapıldığından bu yana Olma ve Olduğunu Anlama öğretisini kaybetmiştir. İnsanoğlu için en büyük ceza, olmadan var olma dünyasındaki yaşama savaşıdır. Her daim hayatta kalma endişesi ile saldırgan ve korkak yapısı içinde iyice vahşileşmiştir. İnsan sadece bir kere evrimleşmiş, oradan da insan – hayvan döngüsüne düşmüştür. Bilim, insanın hayvandan evrimleştiği üzerinde duran ve sonucu değiştirmeyen bir algıda gidip gelmektedir.

Şimdi olmalı ve öze dönmeli.

Sadece Olan, Var Olabilir.

Sadece Olan, Sahip olabilir.

Şimdi Olma Zamanı.

Öncesindeki tek ve doğru haykırış,

Olmadan Hiçbir Şeye Sahip Olmadığımı bilmek üzerinedir.

YALAN VE SÖZ VERME ÜZERİNE LIVE ALIVE BAKIŞI

Bu konu üzerinde tarihler boyunca birçok araştırma yapılmış ve bilimsel yaklaşımlar getirilmiştir. Fakat ne yazık ki değişen bir şey yok!

Âdem'le Havva'dan beri kendimizi hep aynı döngünün içine hapsettik. Âdem ile Tanrı arasındaki akdi, sözü hatırlayın; elmayı yememek üzerineydi. Elma tabii ki bir metafor. Temsil ettiği şey, aralarındaki söz...

Ve Âdem elmayı yer... Tanrı ile karşılaştığında ise ilk

kelimesi "Korktum" olur. Korku; suç işlemek, sözünde durmamak. Sonra pişmanlık, yalnızlık ve ömürler boyu süren sefil yaşamlar... Halen elmayı yiyen ve yemeye devam eden insanlık...

Sorarım yeniden eve nasıl geri döneceksin? Bununla ilgili birçok çocuk hikâyesi ve masal adı altında yazılan ama bize birçok öğreti bırakan önemli eserler vardır. Bunlardan biri de Fareli Köyün Kavalcısı. Hikâyeyi biliyorsunuz. Ancak hikâyenin sonu çocuklar için sonradan değiştirilmiştir.

Nasıldı hikâye?

Mutlu ve huzurlu bir yaşam süren Hamelin köyü sakinlerinin yaşamı fare istilası sonucu çekilmez bir hal almıştır. Köyde metal hariç her şeyi ama her şeyi yiyen ve aynı zamanda veba salgınına neden olabilecek farelerle, bir kedi ordusu bile başa çıkamazken ve köy halkı çaresiz, farklı bir çözüm ararken; bir adam elinde altın bir flütle çıkagelir. Ve bin florin karşılığında köy halkının sorununu çözebileceğini söyler. Vali değil bin florin, bu sorunu çözerse ona elli bin florin verebileceklerini söyler.

Flütünü çalmaya başlayan yabancı tüm fareleri peşine takarak köyden ayrılır, nehre doğru yol alır ve gün batımına doğru köyde fareden eser kalmaz. Fakat yabancı anlaştığı ücreti almaya geldiğinde, validen "Elli bin florin mi? Asla!" cevabını alır. Yabancı, "Bari bin florini ödeyin" önerisi karşısında da olumlu yanıt alamayınca; valiye sözünü tutmadığı için çok pişman olacağını söyleyerek oradan ayrılır. O gece çok uzun zamandan beri ilk defa rahat bir uyku çekmekte olan Hamelin sakinleri, yabancının çaldığı ve sadece çocukların duyabildiği sihirli melodiler sayesinde ardına takarak köyden uzaklaştırdığı çocukların farkında değildir. Yabancı, çocukları dağlardaki bir mağaraya götürerek gözden kaybolur. Mağaranın girişinde flütünün melodileriyle açılan büyük taş, son çocuk içeri girdikten sonra yine flütün melodisiyle sonsuza dek kapanır.

Bu hikâye özünde söz verip de tutamadığınızda neyiniz var neyiniz yok hepsinin yok olacağını anlatıyor. İnsanın yalan söylemesinin ve sözünü tutmamasının asıl nedeni yalanların en büyüğünde gizlidir. İnsan kim olmadığını fark ettiği an ve bilinçli yapısını anladığında tüm bu yalanlar yok olacaktır. Çünkü hepsinin temelinde korku yatar. Bu, yok olma yani ölüm korkusudur. İnsan enerjisinin kendisiyle var olduğunu ve görünür olanın görünmeyenden geldiğini fark etmediği sürece bu korkunun oluşması gayet normaldir. Bu haldeyken insanın yalan söyleyen bir hayvan veya bir Pinokyo olması olağandır. Pinokyo hikâyesi de özünde bu yalancılığı aktarmaktadır. Pinokyo devamlı olarak kim olduğu ile ilgili yalanlar söyler; yalnızlığının ve çaresizliğinin içinde; söylediği yalanlara kendisi de inanarak bir hayal kurmaya çalışır.

Bu yalanlar içinde şükür duygusunu da kaybeden Pinokyo'nun başına kaçınılmaz olarak devamlı kötü şeyler gelmektedir. Ve bir kötü olayı, bir diğeri takip etmektedir.

O bir kukladır ve ipleri yalanlarıdır. Okurken fark edemediğimiz budur.

Pinokyo'yu yapan Gepetto onu kukla olması için değil kendine evlat olması için var etmiştir. Var ettiği tahta çocuk şimdi riyakâr bir yalancı olmuş ve bu yalanlar da kendisini oynatan ipleri olmuştur. İçsel gözü kör olan Pinokyo ise yalanları ile dış dünyada olduğunu sanmaktadır. Ne yazık! Halbuki dış dünya onun kim olmadığını bilir ve her defasında yalanlarını görür. Uzayan burun, bunun dış dünyadaki maddeleşmiş halini sembolize eder. Ne büyük eserdir... Bize bizi anlatır. Ve yazarı kitabın üstüne ismini koymak istememiştir. Çünkü yazan bizleriz, hepimiziz. Her birimiz birer Pinokyo'yuz. Teşekkürler Carlo Collodi...

Live Alive için yalan; sistemde enerjinin bölündüğü ve artık bozulduğu anlamına gelmektedir. **Boşlukta korku ve yalan oluşmaz. Yalan maddesel özdeşleşmenin ve kendini unutmanın sonucudur.** Hatta söz konusu durumlar için kaçınılmaz bir sondur. Günlük hayatta yalan söylememek ve sözlerimizi tutmak önemli olmakla birlikte, en önemli konu gözlerden kaçmıştır. *Live Alive*, oluşum içinde bunu anlamamızı sağlar. Kişi, alan ve onun oluşturduğu maddesel yapıya bağlı kaldıkça ve var oluşunu bunlarla özdeşleştirdikçe; asli boşluğunu unutacak ve bu kopuş ondaki enerji azalmasını yaratacaktır. Bunun sonucu korku kaçınılmaz olacaktır. *Korku, kendini unutmaktır; kendini unutmaksa "Suçların Suçu"dur.*

Burada korkuyu çözmeye çalışma, olanı anlamaya çalış. Korkunun doğduğu yeri anla...

Live Alive korkunun doğduğu yeri gözlemlemeni ve anlamanı sağlar. Sonuç değil, sonuca giden yol değil, tüm bildiklerin veya bildiğini sandıkların hiç değil, işin ta özüne inmendir çözüm.

Konfüçyüs'ün dediği gibi, insan içine baktığında suçlayacak kimseyi bulamazsa, niye korksun ki?

Bu yüzden tüm sorunların nedeni senin asli olan Boşluktan uzaklaşmandır.

Korkunun var olabilmesi için sana ihtiyacı var. Tutunduğu şey sensin. Korkunla yüzleşmek demek, içsel dünyanla yüz yüze gelmek demektir. Tüm farkındalığınla; onunla konuşmadan, dik, dimdik durarak yüz yüze geldiğinde o yok olacaktır. Onun yokluğu, onu var eden senin yokluğun olacaktır. Bu senin yeniden doğumun olacaktır. Korku yok olduğunda yeni bir oluşum olur. Ardından müthiş bir anlayış ve anlayışın beslediği sevgi ortaya çıkar. Ve yeni sen var olursun...

KİM DEĞİLSİN?

Live Alive bir kişisel gelişim çalışması değildir. Gelişecek bir yer yoktur. ***Tek yapman gereken sana ait olmayanları elemen ve kim olmadığını anlamandır.*** Hatta en üzücü olan yalan söyleyerek etrafı kandırmanın akıllı olmak olduğu yalanıdır. İnsan bunu kendine layık gördüğü sürece hiçbir zaman evine dönemeyecektir. En büyük yalanın ardına sığındık. Başlar ve ayakları yer değiştirdik.

Bazen sorarım kendime; elmayı yemek mi yoksa yedikten sonra yalan söylemek ve başkalarını suçlamak mı günah? Başkalarını suçladığın ve bu yalanı söylediğin sürece gidebileceğin bir evin olmayacak.

Şimdi karar vermelisin. Kim olacağına...

Şimdi gözlemle, yedi defa derin nefes al ve yavaş yavaş ver... Nefesini izle ve gözlemle...

Şimdi kendini nasıl hissettiğini izle. İzleyici ol, yorumcu değil! Yorum yapma. Şimdi bir süre nefesini izle, aldığında ve verdiğinde bedenindeki değişimleri gözle. Ortalama yedi dakika bu çalışmayı devam ettir.

Yedi dakika genel bir yorumdur zamanın önemi yoktur. İçsel boşluğunu hisset. O boşluğun içinde bir süre kal. Bu boşluk içinde yorumsuz, kendim dediğin imgeyi gözle. Seni rahatsız ettiğini düşündüğün o olayları, maddesel alanları... İzleyici ol. Ne zaman yaklaştın derin nefes al ve yeniden izleyici ol. "Ben" dediğin kişinin yaşamış olduğu ve rahatsız olduğu olayı görsel olarak boşluk içinden gözlemlemeye devam et. Boşluk yok olmasın. Mesafe iyice genişlesin. Şimdi iyice fark et kendim dediğini; yaşanan o olayı ve alanı boşluk içine al. O ve diğer olaylar boşluğun içindeler.

Şimdi bu gözlem içinde her şeyi boşluğa aldığında gözlemci ve gözlemlenenin aynı düzlemdeki bir olgu olduğunu hissedeceksin ve anlayacaksın. Şimdi anladığını oluşturma ve yok etme anındasın. Keşfetmek ve anlamak için artık bu alana ve maddesel yapıya hâlâ ihtiyacın var mı? Burada duygu oluşmadığından; yani düşünce hafızadan var olmadığından; her düşünce bir oluşum ve alan olmadan yok olur. Bu zamana kadar gördüğünü anlamaya çalışıyordun; her zaman geç kalmışlık ve sorumsuzluk vardı. Şimdi anladığını görüyorsun ve oluşturuyorsun. Bunların zaman içinde ve sırayla var oluyor görünmesi, şimdi size anlatabilmem içindir. Tecrübe ettiğinizde zamansız olduğunu ve her adımın kendiliğinden oluştuğunu fark edeceksiniz. Burada ısrarla üzerinde durduğum şey; şu anki alan içindeki düşüncenin hafıza, yani geçmiş olduğudur. Burada ise bütün geçmişten arınmış saf ve temiz olan ilk düşüncenin doğuşuna tanıklık edeceksiniz. Bu düşünce yaşanmışlıklardan gelmez. Boşluğun içinden var olan kelimeler topluluğudur. Hatta düşüncelerle dolu beyinler için de bir anlam ifade etmeyebilir. Ancak bunları yaşadıktan sonra bu sözler onlar için bir anlam ifade edecektir.

Bu çalışmayı yaşayan kişilerin, oluşumlarını dış dünya ile **paylaşmamaları** daha doğru bir yaklaşımdır. Sonuçta izah etmeye çalıştıkça; dış dünyanın sözleri bu anı ifade etmeye yetmeyecektir. Diğerleri kendi oluşum seviyesinde tamamıyla yanlış anlayacaktır.

Siz yeni bir şeyi konuşurken, onların hafızadan yaşadığını unutmayın. İlk zamanlar yüksek bir enerjinin vermiş olduğu heyecanınız dahi anlaşılamayacaktır. Hiç yaşayan ile ölü bir olur mu? *Live Alive* yaşama hoş geldin!

Olmak ve sahip olmak bir ve bütündür.
Olana kadar, hiçbir şeye sahip olmadığımızı fark edene kadar neyin sizin olduğunu düşünüyorsanız, onunla test edilirsiniz.
Sen kendine dahi sahip olmadığını ve bir rüya içinde yalanlarla kendini avuttuğunu görene kadar her şey acı içinde yok olacaktır. Hepsi yok olduğunda orada sınırsız bir boşluk ve alan var olacaktır. İşte o olduğun andır. Hiçbir şey senin değildir ama sen her şeysindir. Hem de her şey. Her şey olmak, her şeyin de sahibi olmaktır. Bu yazıyı başka öğretilerle gözlemlemeyin; o gözle yazılmadı.

ACININ YOK OLUŞU

Olanı anlamak

İnsan, olanı anlamak istemez. Sadece olandan kaçmak ister. Acı ile karşılaştığında veya bir problem, sorun, zorluk, çatışma ile karşı karşıya kaldığında; olanı anlamak istemez. Hemen bir aktivite veya çözüm olduğunu sandığı bir sonuç düşünür.

Vücudunda bir ağrı varsa hemen çözüm düşünürsün, detaylandırır ve nereden geldiğini bulmak istersin. Çünkü neden kaynaklandığını aramak vasıtasıyla gerçek suçluyu bulmak istersin. Bu sorun şundan bundan diyerek sorunu başka bir yere iletirsin. İnsanın bilinçaltı müthiş bir yazılım programıdır. Her defasında kişi ona yenik düşer. Aynı zamanda zihin de zaman kavramı içinde ikilik oluşturmaya devam eder.

"Neden oldu?" = Geçmiş

"Nasıl çözelim?" = Gelecek

olarak seni başka bir kaçışa sürükler. Ve insan bu yapı içerisinde şu an en çok ihtiyacı olan enerjisini gereksiz yere harcar. Buradan yanlış bir anlam çıkmasın. Bu, sorunla ilgilenmeyelim, anlamayalım veya çözüm bulmayalım demek değildir... Fakat bunlar anlamsızdır. Çünkü bir sorun varsa eğer; onu çözmek gerekir. Sizinle aynı fikirdeyim. Ancak *Live Alive* içinde bunu ve bunun gibi sorunları, görünmeyenden görünüre tüm oluşumları; çözmek ve oluşmamasını sağlamak üzerine aktarmaya çalışacağım. Bu bölüm *Live Alive* 1-4 arasındaki çalışmaların da ana kapsamındadır.

Bir sorun neden oluşur? Öncelikle bunu anlamalıyız. Sorunun sorun olabilmesi için sorunun size veya sizden bir parçaya tutunmuş olması gerekir. Yani bedeninizde bir sorun varsa bu bedenin sizin olmasından kaynaklanır.

Ancak bunun için öncelikle acı ve ağrı kavramlarını çok iyi anlamalıyız. Siz de düşünün, acı ne demek? İnsan bedenine dışarıdan bir saldırı olduğunda acı duyarsınız, öyle değil mi? Bıçakla bir yerinizi kestiğinizde canınız acır. Yani bu dışsal bir uyarıdır. Ancak ağrı dediğimizde hissettirdikleri daha etkili ve süresi daha uzundur. Eliniz bıçağa battığında anında çekersiniz. Refleks sisteminiz sizi ondan korur. Peki ağrı? Ağrı öyle mi? Ağrı içsel bir oluşumdur. Sizinle beraber var olur. Ağrı sizden ayrı mıdır? Bunu biliyorsunuz, yaşamışsınızdır. Ağrı sizin bir parçanızdır. Hatta ağrı vücudun neresinde olursa olsun bütün vücut bunu hisseder ve yaşar.

Ağrı vücudun konuşma lisanıdır. Ne yazık ki insan sadece ağrıyı hisseder ama duymaz, asli mesajı anlamaz hatta farkında olmaz. Bu farkında olmama hali devam ettikçe, küçük cılız bir ses olan sorun, kendini duyuramadığı sürece büyür, gelişir ve en sonunda yüksek ve şiddetli bir hal alır. Cılızken hissetmediğimiz ve farkında olmadığımız bu ses, kendisini fark ettirmek için en sonunda çığlığa dönüşerek iletişime geçer, biz buna ağrı deriz.

Ağrı bedenin yaşadığının belirtisi ve bizimle iletişim yoludur. Aynı bir çocuğun kendisi ile ilgilenilmediğinde yaptığı gibi, şiddeti artırmak kendini fark ettirme yoludur. Ağrı sesini duyurmaya çalışan bedenin haykırışlarıdır. Acı ve ağrı şükürle karşılanmalıdır. Eğer onlar olmasaydı bedenin devam edebilmesi mümkün olmazdı. Kesinlikle bilirim ki özellikle şiddetli ağrılar dayanılmaz bir hal alır, katlanılması çok zordur. Haklısınız insan dayanamaz ama kaçacak bir yerimiz yoktur.

Eğer biriyle kavga ederseniz ortamı terk edip gidebilirsiniz ama bedeninizi terk edemezsiniz ve terk etmemelisiniz. Bilir misin ki dünyadaki en kızgın insanın bile bağırmasının tek nedeni sana sesini duyurabilmektir. Onu, bütün dikkatini vererek, yorum yapmadan ve sessizce dinlediğinde ve o önem verdiğini fark ettiğinde, çok kızgın olsa bile sessizleşmeye başlar. Her canlı hissedilmek ve anlaşılmak ister, kendisine değer verilmesini ister. Eğer vücudunuzdaki herhangi bir parçanıza değer vermezseniz, vücudunuz size bu ağrıları yaşatmak, yani mesajları vermek zorunda kalır. Bu size saçma gelebilir, haklısınız. Tıbben bu bir saçmalıktır, çünkü tıp da dinlemek istemez. Tıp görünen problemle ilgilenir. Bu, sizin hayatınızı devam ettirebilmeniz için tabii ki faydalıdır ama emin olun ki hiçbir ağrı kesici, hiçbir iğne sorunu temelden çözmeyecektir. Vücudun her organının görünürde asli bir görevi vardır ve tıp bununla ilgilenir. Yaptığı da doğrudur ama görüşlerimiz görünür üzerine değil görünmeyen üzerinedir. Çünkü her şey görünmeyenden görünür hale gelir. Bir sorunu çözmek için kolaya kaçarak görünürleri çözmeye çalışabilirsiniz ama bu anlık pansuman olacaktır.

Ne yazık ki bütün ilişkilerimiz ve hayat hep görünür konuları işlemek, çözmek ve anlamak üzerine kurulmuştur. Live Alive size görünmeyenin kapılarını açmakla ilgilenir.

Yeniden ve yeniden tekrarlamak isterim ki soyut her şey somuta döner. Çözümlerin tamamı her şeyin özünde, yani soyut kavramda var olur. Size ağrılarınızı hemen çözecek bir şey veremem, böyle bir formül de vermek istemem ama bu ağrı sayesinde kendinizi anlamaya giden yolun kapılarını açabileceğinizi hatırlatabilirim.

Live Alive yöntemiyle ağrınızla tanışmaya hazır mısınız?

Yani kendinizle.

Daha önce belirtmiş olduğum gibi ağrı ne kadar şiddetliyse verdiği mesaj da o kadar nettir. Kısaca "Beni dinle ve anlamaya çalış" der. Vücudunuzda bir ağrı oluştuğunda, bu ağrı sizden farklı değildir, yani siz ve ağrı bir ve bütünsünüzdür. Bunu fark etmelisiniz. Çözmeye çalışmayın, tek hedefimiz anlamak. Karşımızda bize bağıran bir şey var, onu çözebilmemiz için öncelikle anlamak gerekir. Bu yüzden birincil hedef anlamak olmalıdır, çözmek değil. Önce *Live Alive* birinci adıma yani içinize dönün ve nefesinizi izleyin, bir süre nefes alışınızı ve verişinizi izleyin, bütün dikkatinizi nefesinize verin. Bir süre dayanabilirseniz, nefes bu ağrıyı geçirmeyecek fakat dayanmanızı sağlayacaktır. Bütün dikkatinizi vererek ağrıyı çok iyi anlamaya çalışın. Her organın bir anlamı olduğunu ve dış dünyada yaşamış olduğunuz problemlerin bu organa yansımış olduğunu belki siz de okumuşsunuzdur. Örnek vermek gerekirse stresli ve kararsız bir haldeyseniz mide ve sindirim sisteminde bir problem olacağını biliyor olabilirsiniz. İletişim problemi yaşıyorsanız büyük ihtimalle böbreklerinizde bir sıkıntı vardır. Bu ve bunun gibi örnekleri çoğaltabilirsiniz. Birçoğunun da haklılık payı vardır.

Ancak *Live Alive* içinde bakış bu yönde olmaz. *Live Alive* mikrodan makroya çıkan ve makrodan mikroya inen bütünsel bir yaklaşım gösterir. Nerede bir probleminiz varsa, yansıttığı sorunu çözmeye odaklanabilirsiniz ve çeşitli teknikler uygulayabilirsiniz. Ama *Live Alive* bilir ki, içinizden bir parçanın kopmuş olması yani bir parçanın problem yaşıyor olması, evden giden bir çocuğun üzüntüsü gibidir. Bu bütünlüğün bozulması demektir. Herhangi bir nedenle, bir organda yaratılmış olan problem, bütün bedende, ruhta, kalpte ve zihinde ciddi sorunlara neden olur. Çünkü bütünlüğünüz, yani kısaca ruhsal ve bedensel bütün yapınız bozulmuştur. Artık o nedeni çözüyor olmanız bütün bir bedendeki bu sorunu çözemeyecektir, bu yüzden olması gereken *Live Alive*'a geri dönmektir. Artık bütün beden bozulmuştur ve aynı bedende yeni bir oluşuma ihtiyacınız vardır. Bu da ancak yeniden boşluğa dönmenizle mümkün olur.

Sorunun nereden kaynaklandığı ve niçin oluştuğu sorgulamasından sıyrılıp nefes almakla başlayan ve nefesinizi izlemekle devam eden çalışmayla kendinizi gözlemleyin. Bu gözlem içerisinde bütünlüğünüzün bozulduğu anı fark edeceksiniz ve fark etmelisiniz.

Bütünlüğün bozulması; kendinden yani boşluktan koparak, dış dünyayı gerçek görmek, ona tutunmaya çalışmak ve aslından kopmaktır.

Bunu fark ettiğiniz anda evden uzaklaştığınızı anlayabilirsiniz. Anlamı görmek ve görünürü anlamak sizi boşlukla bütünleştirir. Gerçekten anlamı gördüyseniz yargılama durur. Boşluğa düşer ve boşlukla bütünleşirsiniz. Bu bütünleşme yeni bir alan yaratmaya başlar ve bu alan bütünlüğünü bulan, fark eden, içinde yüksek enerjiyle kendisini yeniden bağlayan, aynı beden içerisindeki yeni birini var eder. Bu eyleme geçmek demektir. Ağrı, bütünlükten uzaklaşmış, merkezden kopmuş ve boşluğu bırakmış olduğunuzun ana mesajıdır. Çocuğunuzla ilgilenmezseniz, size kendisini fark ettirmek için birçok yanlış işler yapar. Çocuğunuzun yaptığı yanlış işleri çözmekle uğraşacağınıza, kaybettiğiniz değerlerinize, evinize, sevginize geri dönerseniz; orada yeni bir "Sen" olur. Bu yeni sen, çocuğa sadece sevgisini verir ve o oluşum da çocuğun yanlışları anında bırakmasının ana nedeni olur. Tıpkı ağrı gibi...

Ama şu anda benimle aynı fikirde değilsen, o zaman ağrıların ve problemlerinle kendine yarattığın bu alanda yaşamaya devam et... Sorunların sorunu, ana kaynakla birleştiğinde son bulur.

Bütün problemlerin tek nedeni ana kaynaktan kopmuş olmandır. Ağrı bunların içinde en masum olanıdır.

Burada kendi hayatınızla ilgili bir gözlem yapınız.

İnsan aynı ağrı olayında olduğu gibi hiçbir zaman olanı anlamak istemez. Olan her şey olmuştur. Ama ne yazık ki insan olanı anlamak yerine; neden olduğu ve nasıl kurtulabileceği; eğer çok hoşnut olduğu bir şeyse tam tersi nasıl kaybetmeyeceği üzerine çeşitli fikirler geliştirir. Ve en kötüsü de bunları eyleme döker. İnsan ne denli âcizdir ki anlamadığı bir şey için nedenleri araştırır. Nedenlerle gerçeği, hatta hakikati bulmaya çalışır. Hiçbir zaman yaratıcıyı dahi anlamak istemez. Yaratıcının nerede olduğu, nereden geldiği ve nasıl gidebileceği üzerine düşünür durur.

Bu adımda kişi olana bütünsel bakabilmeyi, olduğu gibi kabullenmeyi ve teslim olmayı anlamalıdır.

Eğer yargılamadan veya beğenmeden olanla bir bütünlük sağlarsa ikilik yok olur. Olan olduğu gibi, oluştuğu gibi, oluşturan gibi tam ve net anlaşılır.

Çünkü böyle bir durumda kişi bütün enerjisini sorgulamaya yani ayırmaya değil, tam ve net olarak anlamaya vermiştir. Burada müthiş bir bütünlük oluşmuş, ikilik yok olmuştur. İnsanın gerçekten-hakikate geçememesinin altında yatan ana neden bu bölümdür. ***Zihnin bölmeye karşı olan alışkanlığı, asli olan bütünleştirme yönünde de eğitilebilir. Ayrımcı bakış, bütünsel bakışla değişebilir.***

5. Adım: Uygulama

Şimdi size bir uygulama yaptırmak istiyorum. Şimdi bütün dikkatinizi düşüncelerinize verin ve bütün düşüncelerinizin farkında olarak izleyin. Özellikle hoşunuza gitmeyen, sizi rahatsız eden bir olay veya düşünce içine girin. Çekinmeyin, o olayı aynen olduğu gibi görsel olarak canlandırmaya çalışın. Bu, geçmişte yaşadığınızı zannettiğiniz veya gelecekte yaşayacağınızı düşündüğünüz bir olay olabilir. Sizi rahatsız eden bu düşünceden, olaydan hiçbir şekilde kaçmadan farkında olarak izlemeye devam edin bütün görselliğiyle, bütün detayları görmeye çalışın.

Beyin ne zaman kendini kaybetmeye, kızmaya, üzülmeye veya sevinmeye doğru gitti, durun! Nefesinize konsantre olun, nefesinizi izleyin ve yeniden olayı gözlemlemeye başlayın.

Şu anda, gözlemlerken fark ederseniz eğer, o olayla aranızdaki mesafede müthiş bir genişleme oluştu... Ve yeniden gözlemleyin, gözlemlediğiniz sizden ayrı değildir. Siz gözlemlediğinizle bir ve bütünsünüz. O olay siz, siz de o olaysınız... Derin nefes alın ve gözlemlemeye devam ederken nefesinizi izleyin... Her nefes alışınızda, o olayla aranızdaki boşluk genişler. Bu, aranızdaki boşluğu, görselle olan mesafenizi daha da açacaktır. Bu durumdayken olayın sizde duygusal herhangi bir etki yaratmadığını fark edebilirsiniz. Şimdi derin bir nefes daha... Olayı izlemeye devam edin. Bütünlüğünüz içindeki ve siz olan bu olayın artık yavaş yavaş kaybolmaya başladığını, aynı bir yıldızın kayıp düşmesi gibi, boşluk içinde bir beyaz nokta halinde yok olduğunu gözlemleyebilirsiniz. Ve bu son gözlemin ardından şimdi kendinize baktığınızda; o olay sizin için müthiş bir anlam ve anlayış kazanacaktır.

Hiçbir şekilde daha önce düşündüğünüz ve yaşadığınızı zannettiğiniz gibi olmayacaktır. Bütünsel baktığınızda anlamı görürsünüz ve gördüğünüzü anlarsınız. Bu çalışma aynı zamanda bütün korkuların da sonudur. Bu uygulamayı en az üç örnekle yapın ve zaman içerisinde sizi rahatsız eden her türlü olay için tekrarlayın.

Live Alive içinde yaşama geçtiğiniz an itibariyle artık bu çalışmaya ihtiyacınız kalmayacaktır. Çünkü hiçbir olayı taşımayacaksınız. Şimdi bir süre ara vermenizi ve sessiz kalmanızı tavsiye ederim. Hiçbir şey yapmayın. Hareketsiz, yorumsuz, pozitif veya negatif yargısız ve sessiz kalmanın güzelliğini yaşayın. Çok kısa bir süre böyle kalabilirseniz, sessizliğin güzelliğini yaşarsınız; yani boşluğu...

Live Alive

6. Adımlar

ALAN OLUŞTURMA SANATI

İnsan, oluşturmanın ne olduğunu unutmuştur.

Bilir misiniz neyi, neden hatırlamıyoruz?

Cevap bilmiyorum ise gayet normal.

O zaman doğru yoldayız demektir.

Maddesel dünyanın oluştuğu yapı, alandır. Alan, sizin boşluğunuzda oluşur. Oluşan bu alan bir kurgudur ve boşluksal genişliğiniz içinde yer kaplamaya başlar. Bu kapsam içinde çok yüksek bir enerjiyi çeker. Özünde boşluktan aldığı yüksek enerji vardır. Burada bildiğimiz bir zaman kavramı yoktur, anlaşılması için zaman içinde kullanıyorum. Bu alanları boşluk içinde yüzlerce kez yaratırız. Ancak bir maddesel oluşuma dönüşmediği sürece, oluşan bu alanlar aynı biçimde yok olurlar. Bir alanın devamlılığı ve onun maddeleşmesi ilk anda aldığı enerjinin devamlılığına bağlıdır.

Bu konuştuklarımızın günlük sorunlarımızın çözümüne ne katkısı vardır? Burada anlamadım diyen beyninizi zorlayın ve hatırlamasını sağlayın. Sorun kendinize, bana değil...

Enerjinizin bitmek üzere olduğunu fark ettiğinizde ne yapıyorsunuz? En son ne yapmıştınız? Lütfen okumayı ve cevap bulmayı bırakın... Ne yaptınız? Ya da ne yapmadınız? Şimdi bununla ilgili bir çalışma yapmanızı istiyorum. İşte bu yolda yardımcı olması için birkaç soru...

1. Fark ettiniz mi?

2. Fark ettiğinizde birini mi suçladınız? Yoksa kendinizi mi? Sonuçta başkası dediğiniz de, kendim dediğiniz de başkasıdır. Başkası olmasaydı, bu yanlış gözlemleme tekniği ile kendinizi suçlamazdınız.

3. Enerjinizi alan kişinin, suçladığınız kişi olduğunu mu düşünüyorsunuz? Enerjinizi alanın ve suçlunun o kişi veya o olay olduğunu düşünüyorsanız, o zaman sizin yaratıcınız da yok ediciniz de odur... Öyle değil mi?

4. Bu durum böyle devam ederse sonuçta size ne olacağının farkında mısınız?

5. Ondan veya o olaydan kaçmak, düşünmemek sorunu çözer mi? Enerjiniz yerine gelir mi?

6. Yaşam içinde bu tip olaylar ve insanlar hayatınızda hep var olacaktır. Hatta bunlardan daha kötüsü de karşınıza çıkacaktır. Doğru mu?

7. O zaman böyle bir hayatta nasıl var olmayı düşünüyorsunuz?

Bu yedi sorunun seni nereye getirdiğini incelemeni istiyorum. Şimdi kararın nedir? Nasıl yaşamayı; yani nasıl var olmayı düşünüyorsun?

Kısa bir ara ver...

Sonra yeniden gel ve devam edelim.

Alan ve madde aldığı enerjiyle ve aralarındaki görünmez bağın oluşturduğu enerji akımıyla devamlılığını korur. Telefonunuzu devamlı şarjda kullandığınızı düşünün. Telefonunuzun şarjının bitmesi için telefonunuzu şarjdan çıkarmanız gerekir. Demek ki alan ve bunun oluşturduğu maddenin de bağlı olduğu enerji merkezi ile arasındaki bağın kopmaması gerekir. Şimdi size önemli bir sır vermek istiyorum. Bu sır devrimseldir. Ve size ölümsüzlüğü anlatır. Boşluk oluşturduğu maddeyi yok etmez. Hiçbir babanın çocuğunu yok etmeyeceği gibi... Madde farkındalığı kaybeder ve "ben", "ben" diyen ego'nun esiri olduğunda bir kopuş gündeme gelir. Ben diyen, enerjinin nereden geldiğini unutmuş bilinçsiz bir varlıktır. Telefon kendisini enerjiden üstün görür. Çünkü enerji basittir, tabii ki görünüşte... Telefon ise çok özellikli ve insanların sahip olmak istediği bir ürün... Bu durumda kendisini daha üstün gören telefon, aslını kaybeder. Beden her daim görünendir, ruhun görünmez. Cahilliğin verdiği bu olguya düşersen kendini inkâr edersin. Bunun sonucu düşersin.

Alan farkındalık bilincinde olduğu sürece boşluk ile bağı devam eder. Bu kapsamda "yaratıcı boşluk" ile farkındalık bilinci içindeki alan bütünlük içindedir. Bu oluştuğunda artık hiyerarşi kaybolur. Alan var olanın güzelliği ve yüksek enerji içinde devamlı "transform" olur. Burada zaman yoktur. Alan, maddeye dönerken; maddenin algısal durumundan dolayı daha doğrusu yatay düzlemin verdiği oluşumun etkisiyle zaman içinde var olduğunu düşünür. Bu yüzden maddesel varlık olan insan bedeni evrim kavramına inanır. Bu onun doğal olgusudur. Çünkü ona göre bir gelişim vardır. Bu da zamandır. Zaman varsa yok olması da doğaldır. Boşluk ve alan kavramlarında zamansız bir bilgi vardır.

O enerji –yani boşluk– sınırsız ve dikey durumda her şeyi o anda oluşturur. Zaten hep vardı. Bu "Ol denildiğinde olmanın" ne demek olduğunu anlamaya giden yoldur.

Bu yüzden madde hiçbir zaman, alanı ve boşluğu hissedemez; zamansızlığı ve ölümsüzlüğü anlayamaz.

Maddenin ilk oluştuğu dönemi hatırlaması gerekir, bu da neredeyse imkânsızdır. İşte bu hatırlama hali yuvaya dönüştür. Hayatın içindeki bütün çalışmalar, eğitimler ve öğretiler bunun için vardır. Bazen bana da derler ki: "Hocam bütün yollar aynı yere çıkmıyor mu? Siz de aynı şu büyük düşünürün söylediğine benzer şeyler söylediniz..." Bu mümkün değildir. O bildiğinizi düşündüğünüz yol hangi yolsa, *Live Alive* o yola çıkmaz.

Neden mi? Çünkü insan maddesel oluşumunda olmanın neden olduğu hafıza kaybı içinde, bu geçmiş dönem, ikinci el öğretileri şu anki oluşumuna uyarlamaya çalışır. Aldığı birçok eğitimle de kafası karışmış ve yaşam hafızasından konuşan insan, bunu kendine uyarlamıştır. İnandığım dediği bir Tanrı yaratmış, kendi yarattığına tapmıştır. Bu durumda konuşmalarımızı hiçbir zaman anlamaz. Kâmil insan olduğumda veya bir gün olduğumda; ben de cennete gideceğim ve orada Tanrım ile beraber olacağım diyerek kendisinin dahi inanmadığı bir yalanı oluşturmuştur. İnsan en büyük yalancı olmuş ve sonunda kendi yalanına inanarak yaşamayı canlı olmak zannetmiştir. Kendisini dış dünyadaki nimetlere kavuşturmak üzerine bir hayal ve yaşam döngüsü oluşturmuştur.

Şimdi beraberce ilerlemek istiyorsak; demek ki uyanmış veya uyanma yolunda olan birisiniz. Şimdi *Birey* olma zamanı *Canlı* olma zamanı gelmiştir.

Peki, ben aydınlandım ve canlandım ama ailem ve dış dünya *Live Alive* bir yaşam içinde değilse ne olacak diye bir soru sorduysanız; bunun cevabı basittir; olmamışsın. Uyanan bunu sormaz. Canlı insan bunu soramaz.

Şu anda yaşıyorsun, bu soruyu soruyor musun?

Ben yaşıyorum ama mezarlıkta bir sürü ölü var. Acaba nasıl canlandırabilirim? Soruyor musun? Hayır... Uyanmak istemeyeni uyandırmayacaksın. Bütün yıkımlar, ölümler, canlılık, zenginlik içsel bir oluşum içinde var olur.

İçinizde yangın yoksa ve bunun farkında değilseniz yansımaları söndürmenin bir faydası yoktur. Güneşte köpeğin gölgesini kovalaması gibi sen de dış dünyadaki yansımalarınla uğraşırsın. Uyan ve canlan dostum, bu senin sorumluluğun. Uyan ve canlan dostum bu sevgi ile kendine sarılmandır. Beden senin uyanışının eseri olsun. Yıllardır, yüzyıllardır ceset taşıdın yorulmadın mı? Bıkmadın mı? Uyan ve canlan dostum, tüm evren seninle var olsun. Uyan ve canlan dostum, kendine ettiğin bu zulüm bitsin. Bırak bu ben dediğin ve hayatım dediğin yalanlarını; uyan ve canlan dostum. Bırak bu kişisel gelişim ve pozitif olma şarlatanlıklarını, şaman kültürlerini, gelişim adı altında uydurduğun tüm yalanları. Bırak ben dediğin ve yalan dolu hayatını. Bırak, bırak, bırak ve özgür ol; en büyük yalanından yani ben dediğin hastalıklı beyninden...

Ben dedim diye bırakmazsın, zaten benim söylemimle de bırakmamalısın. "Ben" dediğin, kendinden kurtul.

Ben dediğin "Nasıl?" diye soruyor. Kurtul nasıl diyenden, anlamak için sana ihtiyacın yok... Bilir misin sevmek ne demek? Sevmenin nasılı, tarifi olur mu? Canlı olan anlar, canlı olmanın ne demek olduğunu... Korku ve endişe içinde canlılık yoktur, ölüm vardır.

Ben dediğin beyninin oyunudur. İkilik yani "düalite" beynin gelişimi ve anlaması için faydalıdır. Ancak beyin bu yolla dış dünyayı anlar, ama... Evin boşluk dediğimde anlaması mümkün değildir. Sor kendine! Sen boşluksun, boşluğun var ettiği müthiş bilinç ve enerjisin anladın mı? Hayır. Sen o bilincin var ettiği alan içinde sıkıştırılmış bir beden, maddesin. Bilinç senin var oluşunla veya senin sayende var olmaz, yok da olmaz. Haydi, anlat bana ölen neden ölür?

Tüm beden oradayken kaybolan nedir? Bunu biliyorsun ama anlatamazsın, ispatlayamazsın. Öyle değil mi?

Bilgi dışsal değildir, içseldir. Anlamak içindeki bilgeliğinle kavuşmandır.

Gördüğünüze inandığınız sürece,
Hiçbir zaman Hakikat anlaşılamayacak...
Gerçekten kördür insanoğlu, sevgi görülür mü?
Bak ama görme...
İşte o anda,
Her şeyin içinde var olan kendini anlayacaksın!

ANLAMAK VE ANLADIĞINI GÖRMEK

İnsan hep anladığını ve gördüğünü düşünür. Anlamak ve görmek beş duyu organı ve hafızanın sonucu oluşur. Esasında hepsi hafızadır. Belirli bir yaştan sonra artık kişinin ne anladığı ne de gördüğü gerçektir. Hatta gördüklerini de hafızasına uyarlar. Bunun sonucunda ise aslında bitkisel hayatta, yani bir nevi rüya âleminde yaşıyordur. Ancak bu rüya hep kodlanmış bir rüyadır. Bu durumda *Live Alive – Canlı Yaşam*'a geçiş nasıl olacaktır? Bir nevi ölüyü diriltmek gibi... Bu konunun önemini ve zorluğunu hep beraber fark ettiğimizi sanıyorum; bu sebeple biraz daha açmak isterim. Birine baktığınızda örneğin annenize, babanıza... Ne görürsünüz? Onunla ilgili yaşadıklarınız sonucunda bir hafıza oluşmuş ve beyin onu kodlamıştır. Ve baktığınızda onu görürsünüz, öyle değil mi? Peki, baktığınızda ne anlarsınız? Onun sizin beyninizde bıraktığı izleri ve hafızayı. Onun bütün söylemlerini de o yargı ile dinlersiniz, öyle değil mi? ***Bu durumda bakan ama sadece geçmişi gören; anladığını sanan ama sadece hafızasına uyarlayan bir oluşum olacaktır.*** Kişinin doğru bakabilmesi ve anladığını safça görebilmesi için hafızadan ve önyargıdan kurtulması gerekir, öyle değil mi? Ancak böyle bir zihin canlı olacaktır...

Şimdi *Live Alive* çalışması içinde bir uygulama yapalım. Şimdi herhangi bir nesneye dikkatle bakın. Baktığınız anda onunla ilgili hafızanızda bir şey canlanır veya beyin tanımlamaya çalışır, öyle değil mi? Lütfen uygulayın. Şimdi o nesneye daha dikkatli bakın ve beyin herhangi bir fikir getirdiğinde derin bir nefes alın, nefesinizi izleyin ve yeniden bakın. Bu beynin sizi yönetmesi değil, sizin beyninizi yönetmeniz ile ilgili önemli bir uygulamadır. Beynin yaşamı doğru algılayabilmesi için eğitilmesi gereklidir. Önyargılardan ve kodlamalardan kendini kurtarmak istiyorsan, bu çalışmaya devam...

Bir nesneye baktığında o nesne ile ilgili hafızandan gelen bütün bilgilerden özgür müsün? Eğer özgür değilsen geçmişteki bilgi ve önyargılarla baktığından dolayı canlı da değilsin. Bu durumda yeni ve canlı bir hayatın oluşması mümkün değildir. Bunun sonucu olarak anlamı görmen ve bütünsel bakman da mümkün olmayacaktır. Bu uygulamada, nesne ile düşünce arasında birkaç saniyelik boşluğa ulaşana kadar çalışmayı devam ettir. Özellikle gün içerisindeki boş vakitlerinde ve serbest ortamlarında, bu çalışmayı bir oyun gibi yaparsan; hem çok eğleneceksin hem de farkında olmadan beynin bunu yararlı bir alışkanlık haline getirecek. Sadece bu çalışmanın faydaları üzerine en az on kitap daha yazabiliriz. Ama çalışmanın can damarından bahsetmek istersek, en önemli faydası; düşünce ile nesne arasında bir es vermen, bu sayede boşluk oluşturman ve her daim enerji içinde olmandır. Çünkü boşluk enerji üretir. Diğer önemli faydası ise koşullanmalardan ve refleks hareketlerinden dolayı farkındalıktan uzak, bildiğini sanan bir varlık halinden, bilince geçmeni sağlayacak olmasıdır. Bazen çok küçük uygulamalar çok büyük farkındalıklara ulaşmanı sağlar. Senden ricam bu çalışmayı gün içerisinde günde 8-10 defa en az bir ay boyunca devam ettirmendir. Bil ki canlı yaşamanı sağlayan bu egzersiz aynı zamanda yüksek enerji ile yaşamanı da sağlayacaktır. Bu uygulama beynini yönettiğin, seni bir üst katmana taşıyan ve seni sen olmaktan kurtaran bir çalışmadır. Şimdi bu çalışmayı yapabilmek ve faydasını hemen görebilmek için on dakika ara ver ve çalışmayı dikkatle uygula.

Keşfettiklerine sen dahi inanamayacaksın...

Gerçek ile hakikat her daim karışır.
Hakikat ulaşılmazdır.
Siz tam ulaştığınızda, o boyut değiştirmiştir.
Bilir misiniz nedendir?
Bütün öğretiler bunun imkânsız olduğunu söylemişler,
yine de yükselmek ve kâmil olmak için
çalışmayı ve teslimiyeti öğretmişlerdir.
Çünkü hiç kimse hakikati yaratanın
siz olduğunu söylememiştir.
Her ulaştığınızda yenisini yarattınız!
Şimdi siz bu ilmi, sırların sırrını aldınız.
Halen beş duyunuzla ne ararsınız? Ne üzücü ah!

Olmak, olmaya çalışmak değildir.
Olmak değiştirmeye çalışmak hiç değildir.
Olmak sadece olmaktır.
Olmak sadece ve sadece hiçbir şey olmamaktır.
Sessizliktir.
Boşluktur...

Live Alive

7. Adımlar

OLMA VE DEĞİŞİM ÜZERİNE

Bu konu hayatımız için çok önemli. İnsan hep çaba harcayarak, çalışarak ve uğraşarak bir yere gelme ve bir şey olma savaşı içindedir. İnsan, beynindeki nöron bağlantılarını bir sporcu gibi çalıştırarak geliştirmiştir. Zekâ gelişmeden, arzulama ve sahip olma güdüleri geliştiğinden; bu arzular ve istekler insanı yönetecek kadar güçlü hale gelmiştir. Kendisinin var ettiği, onu yönetmeye başlamıştır. İnsan arzunun ne olduğunu anlamalıdır. Arzu olmadan insan nasıl sahip olur? Arzulamak insanın doğasıdır diyerek, oluşanı gereklilik gibi görmek bizi kör etmektedir.

Arzu nedir? Bir düşün, arzu nasıl doğar? Arzu var olan bir şeyden sonra oluşur, değil mi? Bir şey yaşarsın, yaşadığın şey hoşuna gider, keyif alırsın ve beyin bunu devam ettirmek ister. Bunun sonucunda arzu oluşur. Çok güzel bir yere gidersin, beyin ertesi gün yine oraya gitmek ister. Ve arzu oluşur. Aynı şekilde arzu, yaşamadığın ama gördüğün olgulardan da oluşabilir. Çok güzel bir ev görürsün, o evde o hayatı yaşamak istersin, müthiş bir arzu doğar.

Kişi aynı zamanda başkasının sahip olduğu ama kendisinin ulaşamadığı şeyleri de arzular. Bu arzu kıskançlığa dönüşür. Arzu edilen ile sahip olunan arasında ikilik oluşturur. "Senin de olmalı, sen de çalışıyorsun, senin neyin eksik" söylemleri ile konuşan ego, arzudan beslenir.

Şu anda senin olmayan şeye karşı duyduğun arzu müthiş bir kıskançlık ve çatışma doğurur.

Öyle değil mi?

Bunun iyi olduğunu çünkü bu sayede daha çok çalışarak yeni bir şeyler yapman gerektiğini de düşünebilirsin. İçsel çatışmanın sonucu olarak, arzuladığın şeye ulaşmak için kendine ve çevrene acı dolu, düşmanlık dolu bir hayat yaşatırsın. Sonunda o arzuladığına da ulaşabilirsin. Kesinlikle... Ama bu sefer de başarının sarhoşluğu içinde, başarının kaynağının arzulaman ve çok istemen olduğu düşüncesine kapılırsın. Ve bu beyin tarafından daha fazlasını, hep daha fazlasını arzulama rutinini oluşturur. İnsan yemek yedikçe daha çok yemek ister. Neticede ihtiyaç mı, açlık mı, yoksa arzulananın vermiş olduğu sarhoşluk mu anlayamaz?

Peki, ne yapalım?

Arzulamamak bundan sonra arzulamayacağım diyerek oluşur mu? Bu sefer de aydınlanmış olmayı ve egosuz olmayı arzulamaya başlar.

Aynen böyle olmuyor mu? Peki, şimdi kategorize edip faydalı arzu ve zararlı arzu diye mi ayıracağız? "İşte bu durum senin benim onun hayatı. Böyle geldi böyle gider" mi diyeceğiz? Evet, soruyorum bu konuda benimle aynı fikirde misin? Aslında mesele aynı fikirde olmak değil...

Aslolan, beraberce aynı yerde olup olmadığımız? Eğer şu anda çözüm ne diyorsan, çözümü söyle diyorsan veya sana katılmıyorum diyorsan acaba aynı yerde miyiz? Yine soruyorum ve seni iyice zorlamak istiyorum.

Şimdi, şu anda bunları soran kim? Bunun farkında mısın? Eğer bunu soran ve çözümleri isteyenin farkında olmazsan her şey daha da kötüye gidecek. Yeni bir arzulama halini ve eskisinden de büyük bir arzuyu doğurmaya başlayacağız. Bu yeni heyecan sonucunda, sonu gelmeyen yeni bir döngüye gireceksin.

Farkında ol, şimdi, kim istiyor?

Arzudan kurtulmak isteyen kim?

Ya da bu konuşmamızı saçma bulan kim?

Kim?

Şu anda kimsin?

Lütfen şu anda dur!

Bir süre kendini gözlemle...

Kim, ne istiyor?

İçinde bir boşluk yaratmadığın sürece ve o boşluğun içinden yorumsuz izlemediğin sürece neyin doğru, neyin yanlış olduğunu nasıl anlayacaksın? Bunları daha önce de konuşmuştuk. Anlamak için "eski kendinden" kurtulman gerekir. Yıllarca seni besleyen arzu, kıskançlık ve ego içinde olduğun sürece; anlayan ve hak veren veya öyle görünen bile olsan, hayatında gerçek bir değişim oluşturamayacaksın.

Bilmem sana ulaşabildim mi?

LIVE ALIVE YAŞAM

Live Alive – Canlı Yaşam içinde olmak önemli bir yansıma yaratır. İnsan içsel oluşumundan dışsal dünyaya bir titreşim yayar. Bu titreşim, yaratıcı doğasındaki anlayış geliştikçe bilim tarafından çok daha iyi anlaşılacak, açıklanacak ve uygulamaya alınacaktır.

İnsan bedeni ışığı ve bu ışığın titreşimlerini aynı bir lamba gibi, bulunduğu belirli bir alana yayar. Yaydığı bu titreşim ve enerji aynı zamanda insan bedenini de var eder.

Gördüğümüz veya göremediğimiz her şey enerji ve titreşim boyutundaki oluşumlardır. İnsan bedeni de aynı biçimde bu titreşimlerin bir eseridir. Beyin bu enerjiyi en çok kullanan ama en az dağıtan oluşumdur.

Ses bir titreşimdir. Bu yüzden çok etkilidir. Söz bir titreşimdir. Anlamını dinlemeden, beynini, yani hafızanı katmadan dinlediğinde çok daha etkilidir. İnsan bedenlerinin çoğunlukta olduğu; alışveriş merkezleri, plazalar, stadyum veya konser alanları, bu titreşimlerin yoğun olduğu, kişilerin bu titreşimlere en çok maruz kaldıkları yerlerdir. Bu titreşimler sizlerde bir çekme ve itme kuvveti ile olgunlaşır. *Live Alive* içinde olan, yani canlı yaşayan bir kişinin titreşimleri çok yüksektir. Bu yüksek titreşim geniş bir alan oluşturur. Ve *Live Alive* içindeki 3. - 4. ve 5. bölümlerin uygulanması ile birey oluşumu hızlandırır. Yani kişinin oluşumu ölçüsünde, dış dünyası var olur. Şanslı dediğimiz ve her şeye rağmen her zaman bir yol bulan, yıkılmayan kişiler bu var oluşun eseridir. Fakat aynı zamanda yıkımları da çok hızlı olur; sonuçta sorumluluk sahibi bir birey ne ürettiğinin farkında olmalıdır.

Bu oluşum içinde kişi boşlukta var olan yüksek enerjinin maddesel dünyada neye dönüşeceğinin bilinci içinde var etme ve etmeme olgusunun birliği ve bütünlüğü içinde yaşar. Bu yüzden *Live Alive* öncelikle kişinin arınması ve saflığı ile ilgilenir. Kişi ancak saf bir bilinç içinde olduğunda bu mümkündür. Negatif bir oluşum ve düşünce yapısı, bu enerji seviyesinin önündeki engeldir. Hırs, sabırsızlık, kendini bilmez oluşlar ve dış dünyaya olan yüksek bağımlılık bu sistemde onların düşük seviyede titreşimler oluşturmasını sağlar.

Bu sebeple *Live Alive* içinde olan için bu yaklaşımlar ve düşmanlıklar tesir etmez. Onlar dokunulmaz olurlar. *Live Alive* içinde olanlar, kendisi ve dış dünya arasında oluşturduğu sonsuz boşluk sayesinde tüm titreşimler, düşünceler ve hatta eylemler nezdinde dokunulmazdırlar. Bütün o titreşimler ve yaklaşımlar onların boşluğunda erir ve kaybolur.

Yani dış dünyada negatif görünen her şey *Live Alive* yaşayan için gerekli olan üretim araçları, kendilerini her daim dikkatte tutmaları ve sistemin maddesel enerjisi için gerekli olan tutucular, bir nevi tutkallardır.

Bu yüzden 99+1=100 bütünlüğün olmazsa olmaz formülüdür. Yani bütünlüğümüzü bozacak, her türlü düşünsel ve maddesel eylemler; dış dünyada negatif diye algıladığımız olaylar ve insanlar; düşman veya şeytan diye tanımladıklarımız; bunların tamamı *Live Alive* içinde yaşayanlar için dikkatte kalmaları, bütünlüklerini anlamaları ve korumaları için son derece önemli, bir nevi ilaç niteliğindeki olgulardır.

Kim ki dışsal dünya içerisinde negatif veya düşman diye tanımladığı her türlü düşünce, madde, insan ve eylemle karşılaştı ve onlardan kaçmak istedi, onların olmadığı bir hayat düşledi veya kendisinin iyi onların kötü olduğu ayrımcılığı içerisine düştü; an itibariyle artık *Live Alive* içerisinde değildir.

Kişi dışsal dünyada ancak bu tip olaylara, kişilere ve saldırılara karşı verdiği reaksiyonla kendini anlayabilir. Kötülük diye görünen her şey kişinin *Live Alive* içerisinde yükselmesi için gerekli en büyük doping araçlarıdır. *Live Alive* içindekiler sadece bilinen güzel şeyleri şükürle karşılamaz, en büyük şükürleri, şeytansal diye tanımlanan tavırlara rağmen sakinliklerini ve bütünlüklerini koruyan, incinmeyen, kırılmayan, etkilenmeyen oluş durumlarıdır. Ne güzeldir bunu böyle anlayan ve yaşayanlar...

Ey insanlar, sakın ola ki bu insanları gördüğünüzde;

Sessizliklerini âcizlik,

Bağırtılarını haykırış,

Kazanımlarını zafer,

Kayıplarını yenilgi zannetmeyiniz.

Bu insanlar sizlere örnek olmak için var olmuşlardır.

Ama ne yazık ki her ne yaparlarsa yapsınlar,

Dış dünyaya bağımlı insanlık bunu hiçbir zaman anlamayacaktır. Sorarsanız neden? Nedensiz oldukları için...

Live Alive için negatif ve olumsuz her şeye tam bir anlayış göstermek, boşluğun içinde var olmaktır. Çünkü ancak anlayış sevgiyi doğurur. Psikolojik olarak ölü olan sevgiyi anlayamaz. Korku içindeki oluşumda anlayış gelişmez.

Hırs ve bölünmüşlük içinde olan çatışmacı yaklaşımlarda, yüksek bir titreşim ve enerji oluşmaz. Bu yüzden dışarıda lider diye gördüğümüz çoğu kişi dış dünyada tutunacak kişiler arar.

Hatta içsel olarak o kadar zayıflardır ki takipçileri, ölü kitleleri olmadan, hatta ve hatta düşmanlık yaptıkları kişiler olmadan var olamazlar. *Live Alive* içinde olanlar için bu oluşumlar bir şey ifade etmez çünkü ***canlılık dış dünya denilen olguya veya kendine bağlanmamak ile var olur***. Bağlanmak onsuz yaşayamamaktır. Bu yüzden bir kere daha söylememde fayda var, enerji arayanlar ona ulaşmak için çeşitli kişisel gelişim metotları takip edenler, meditasyon adında uyku ayinlerinde olanlar, şifacı peşinde koşanlar, şaman ayinlerinden beklenti içinde olanlar, eskimiş ve kendine dahi hayrı olmayan dünyasal olmuş dinlerin ritüellerini eksiksiz yapmaya çalışanlar veya buna benzer birçok saçmalıkların peşinden koşanlar... Bunlar tek bir şeyin kanıtıdır. Kısaca öldüğünüzün veya ölmek üzere olduğunuzun. Lütfen bu yazılanı kabul etmeyin. Çünkü bu durumdaki bir kişinin son tutunduğu bu dalı bırakması çok ama çok zordur. Seni anlıyorum ama bir kere kalk ayağa. Kalk ve kendim diye oluşturduğun bütün bu hayatına ve eskimiş düşüncelerine bak. Bu saçmalıkları yok eden canlanma yolunda olan bir Bireyin gözü ile bak. Bilirim zordur, senin tüm hazinenin bu olduğunu ve bunun için uğraştığını düşünüyorsun. Çöplüğe ve fakirliğe, ölüme tutunduğun sürece, zenginliği ve gerçekten seni sen yapan hazineni görmüyorsun. Yık bu gecekonduyu. Temizle her bir parçayı. Ve kaz şimdi toprağı. Unuttuğun ve unutturulan sonsuz hazineyi bulacaksın. Şimdi dağıt onu cömertçe, alanların sorumsuz olduğunu bilsen de, sevginle dağıt onu... ***Bilseydiniz düşen parçalar olduğunuzu, bu halde olmazdınız!***

Bilirsin gördüğünde ama bilmek istemezsin.
Genelde önce beğenir, sonra eleştirir,
Tekrar yaklaşınca içindeki huzursuzluğa yenilirsin.
Zordur anlamak; anlamak için çok yakın olmalı...
Hiç kendine çok yakın oldun mu?
Dene çok zordur!

Dış dünya, yani beynimiz zamandır. Zaman içinde olduğumuzda, plan ve program yaptığımızda güvende olduğumuzu düşünürüz. Gerçek bu değildir. Zaman düşüncenin bir ürünüdür. Düşünce hafızadır ve zamansız var olamaz. Bu durumda zaman sizi yönetmeye başlar. Bu da stresin ve korkunun başlangıcıdır. Zaman böler: bugün, geçmiş ve gelecek diye... Bu bölünmenin farkında olmadığında hiçbir zaman gerçek olanı net şekilde göremezsin. Çünkü gerçek şimdide var olandır. Şimdi, zaman gibi görünse de aslında tüm zamanların birleştiği andır. Bu durumda zihin, yarattığı rüyadan uyanır ve gerçekliğe, Hakikate yükselir. Aydınlanır. Gerçek ve Hakikat görünür olur. Bütün çalışmalarımızın özü budur.

ZAMAN LIVE ALIVE İÇİNDE VAR OLMAZ

Zaman *Live Alive* içinde var olmaz ve olamaz. Çünkü boşluğun ve yaratıcılığın oluşumu mükemmellikten gelir. Mükemmellik zıtlık içinde var olamaz. Zıtlık yatay düzlemde var olabilir. Madde âleminde maddeyi anlayabilmek için mukayese etmeye ihtiyaç duyarız. Bu ikilik bizim algı sistemimizi oluşturur. İkiliğin olduğu yer seçimler ve zaman dünyasıdır. Zamanın olduğu yerde yaratılmış olan ve yok olacak olan vardır. Mükemmellik yaratıcılığın içinden gelir. İnsan bunu anlamak için zamanı icat etmiştir. Zaman tabii ki yaşamın belirli düzeni içinde faydalıdır ama benim konuştuğum zaman sosyolojik bir algıdan çok psikolojiktir. Çünkü zaman beynin yapısından kaynaklanır. Beyin hafızadır, bilgidir, tecrübedir... Bunların hepsi zamandır ve sınırlı bir yapıya sahiptir. Sınırlı bir yapı mükemmel değildir ve var ettikleri de mükemmel olamaz. Üzücü olan insanın yaratıcıyı yaratılan yapması ve zaman kavramıyla zincire bağlamış olmasıdır. Bu yüzden birçok öğretide bu zincirin kopuşunun ölüm sayesinde mümkün olacağına inanılmıştır. Bu da bir kısırdöngüdür. *Live Alive*, içinde madde barındırır ancak bu "Live" içindeki mükemmelliğin keşfidir. Ve özü de insanın bu döngüden ve sabitlendiği yerden kurtulmak suretiyle yuvaya geri dönüşüdür. Bunu fark ettiğinde madde ve madde olan sen, yaratılan olduğun ve birilerinin ve bir şeylerin var ettiği algısından; yani zamanın getirdiği sınırlı olgudan özgürleşirsin. Çünkü beyin zaman olgusu ile seni stres ve korku içinde yönetir. Zamanı anlamak için düşünceyi anlamak gerekir. Düşünce ve düşünen bir ve aynı olgulardır. Ama sorarım size zamanın olmadığı bir düşünce var mıdır? Ancak soyut düzlemde, yani zamanın olmadığı boşluk içinde var olan, sevgi gibi kelimelerin anlamını bulabilir. Ama bir cümle kurduğunuzda, o anlamı da öldürürsünüz. Aynı "Seni çok seviyorum" dediğinizde olduğu gibi...

Sevgi zaman içinde var olamaz. Zaman beynin bölünmüşlüğünden, zıtlardan gelen bir olgu olduğu için her daim bölücüdür. Zaman geçmiş ve gelecek içinde ilerler. Geçmiş varsa gelecek de vardır. Bu durumda da bölünmüşlük bütünlüğün bozulmasıdır. Bu ise enerjinin bölünmesidir. Sonucunda yaratıcılık ve mükemmellik oluşamaz. İşte bu durumda doğmuş ve var olmuş sen; zıtlığın diğer ucu olan zombi veya ölüm yolculuğundaki aynı sen, mükemmelliği ve yaratıcılığı var edemezsin. Çok bilgili ve tecrübeli birisindir ama artık enerjin yoktur. Şimdi buradan *Live Alive'a* geçmelisin. Yoksa dönüşü olmayan bir yok oluş içinde olacaksın. Yaratıcı olan sen, yarattığına tutunmuş ve zaman içinde kendini yok etmişsindir. Bu kıyamettir.

Dış dünyada zaman ve korku; zaman ve arzu; zaman ve hedef ile ilgili müthiş bir bağ varmış gibi görünür. Kişi beş duyusu ile olmuş ve olanı anlamak için beyinsel kayıt sisteminde anlam bulur. Bu, şu anki maddesel dünyasında çok gerçekçidir. İnsanoğlu bir şeyi anlamalıdır ki: her şey görünmeyenden görünüre var olmaktadır. Bu bilinç düzeyi artık bilim tarafından da kabul edilen bir kavramdır.

Bu durumda her şey görünmez ve algılanmaz boşlukta var olur. Bunun alan ve madde olması insan beyni için zamansal bir kavramda oluşur. Çünkü şimdi, bu anda bir şeyi boşluktan var etmek ve madde olarak algılamak isteseniz; beyin şu anki kapasitesi ile bunu anlayamaz. Anlaması için yaşamsal bir döngü gerekir ve bu onun için zamandır.

Aslında bu madde boşlukta çoktan var olmuştur.

Beyin bunu ancak zamansal bir süreç içinde algılayabilir. Yani, siz şimdi boşlukta bir şey oluşturduğunuzda; beyinsel yapı da zamansal bir süreç oluşturmazsa; şu anda olanı algılayamaz. ***Yani, olan olanı olduğunda anlar.*** İşte *Live Alive*'dan koptuğunuzda geriye sadece yaratılan eski olayların zamansal tekrarı kalır. Bu durumda boşluk ve madde içindeki uyum ve birliktelik kaybolur.

Ve madde yeni bir oluşumda, bu sefer de yeniden oluşum olmaması için; kaybolma korkusunu gerçekte yaşamış olur.

Sizden ricam bu bölümü içsel huzur halinde; anlamaya ve sorgulamaya çalışmadan birkaç defa okumanız... Ve biriyle düşüncelerinizi paylaşmadan önce anlamış olduğunuzdan emin olmanızdır. Anlamadan bırakırsanız sorun değil... Ancak anlamadan dış dünya veya kendinizle bu konu üzerinde çalışmanız, buradaki önemli öğreti ve sırların kaybolmasına neden olur. Anladım dediğinizde lütfen bu düşüncenizi de dikkate almayın. Çünkü bu da çok büyük bir ihtimalle beyinsel bir anlam ve ego içinde kalır, yanlış bir yere sürükler. Eski bilgilerinizle birleşir ve özdeşleşir; sizde kirlilik yaratır. Bu bölüm "Art of Being" içinden sizinle buluşmuştur. Bu yüzden *Live Alive* çalışmasından sonra gelir.

Anlamak, nasıl olduğu ve nasıl yapılacağı üzerinde kafa yormak ve bu sayede işin olacağını düşünmek, sizin için çok doğru bir yaklaşım gibi görünür. ***Biliyorum demek bilmemenin ve anlamamanın sonucudur.*** *Live Alive* bilme eylemi değildir. Bu çalışma yaşamsal bir bütünlüktür. Kişi değişimini kesinlikle bilemez. Bunu ancak değiştikten sonra çevrenin etkisi ve söylemleri ile fark eder.

Aynen böyle olmuyor mu? Bir arkadaşın 10 yıldır seni görmediyse veya sen çocuğunu 3-5 yıldır görmediysen ilk karşılaşmada müthiş bir fark ve değişim görürsün. Ancak bu onun için hiçbir şey ifade etmez ve yok değişmedim aynıyım der. *Live Alive* değişimi sizde de aynı etkiyi yapar. Kendinize baktığınızda değişim görmezsiniz ve değiştim demezsiniz. Sadece geçmiş denileni bir film gibi düşünürsünüz. Bu onlar için geçmiştir sizin içinse yeni, yepyeni bir oluşumdur. Kendinizi hiçbir şekilde eski ile adapte edemezsiniz. Bu yüzden size tavsiyem sevdiklerinizle beraber *Live Alive* içinde olun. Çünkü her yeni oluşum ve yaratım içinde eskinin tamamı eski ile kalır ve sizin yeni oluşumunuzda var olamazlar. Bu konu çok önemlidir.

Düşüş çıkıştan hızlıdır. ***Benim hayatım dediğiniz ve sizin için içinde olanlar yeni dönemde yokturlar.***

İnsan yükselirken var olanlarla yükselemez. Ne kadar ağırlık varsa düşmeye başlar. Bu bazen dış dünyada, bazen de psikolojik olarak gerçekleşir. Ve çoğu zaman acı verici olur. Kişi oluşumun farkındaysa, her kayıp yeni bir boşluk oluşturur. Orada müthiş bir enerji vardır, işte bu enerji sizin varmak için uğraştığınız yerdir. Bu bilinç hali acı ve sıkıntıyı dönüştürür. Olduğunuzda neyin neden olduğunu anlarsınız. Acıları, sıkıntıları ve kayıpları anladığınızda artık onlar dönüşümün ve yükselişin yakıtı olur. Bilmeden düşerseniz acı vardır.

Bilirim bu çok ağır gelecek. İstersen kaç, bırak bu kitabı... Bu çok tehlikeli bir yolculuktur.

ZAMAN SEVGİYİ YUTAR

Bu iki konu insan hayatındaki en önemli konulardır. Yaşam içinde var olmak, *Live Alive* yaşama sanatı içinde önemle anlatılması ve açıklanması gereken bir konudur. Gerekirse tekrar, tekrar...

Neden sevgi ve zamanı aynı başlık içinde kullandım?

Bu önemli. Bunlar birbirlerinin zıttı değildir. Ancak birbirlerinin olduğu yerde olamazlar. Birisi geldiğinde diğeri yok olur. Sevgi boşluk içinden var olur. Onun içinden oluşan bir enerjidir. Zaman kesinlikle boşluk içinden var olmaz. Boşluğun içinden gelen; önce alan sonra madde olan fakat nereden geldiğini unutan ve düşünce içine düşen oluşumda var olandır, zaman...

Sevgi bir enerjidir. Zaman ise enerjinin yokluğu ve o yolda harcanan emektir. Zaman şu anın enerjisini yok eder. Ne zaman zamanla ilgili oldunuz, işte o anda yaşanan enerjiyi kaybedersiniz. Zaman sizin geçmiş dediğiniz ve gelecek dediğiniz durumlardır. Ve yüksek bir enerjiye ihtiyaç duymadığı gibi herhangi bir yaratıcılık ve oluşuma da gerek duymaz. Sadece bir rüyadır. Kâbus ve umut rüyası. Gelecek dediği geçmişte kaçırdıklarını yapma isteği olur. Geçmiş dediği yaşamadığı anların rüyasıdır. Bir insan zaman kavramına düştüğünde bu rüya halidir, o uykudadır. Bu hal için enerjiye ihtiyaç yoktur. Bedenin fonksiyonları için sınırlı bir enerji yeterlidir. Ama hepimizin çok iyi bildiği gibi, içine düştüğümüzde zaman bizler için çok gerçekçidir. Aynı rüyalarınız gibi. Öyle değil mi?

Geçmiş ve gelecek içinde düşünmeye başladığınızda kendinizi nasıl hissediyorsunuz? Çok daha gerçek gibi değil mi? Çünkü beyin size bunu hissettirir. Bu yüzden insan bu uykudayken; ona uyuyorsun uyan, bu gerçek değil dediğinizde ilk saldıracağı kişi siz olursunuz. Çünkü bu onun rüyalar âleminde gerçektir.

İnsan zaman içindeyken düşüncelerinde yaşar. İnsan şu an canlı olduğunda ise düşünce onunla var olur. ***İnsan zaman içindeyken zamanın içinde var olur ve aslını unutur.*** İnsan canlı yani *Live Alive* olduğunda, düşünce ancak gerekli olduğunda oluşur, düşünce onun içinde var olur. *Live Alive* olduğunda "Live" gerekli olan düşüncenin oluşumuna izin verir. ***İnsan zaman içinde var olduğunda zamanı yaratıcısı, tanrısı yapar. Live Alive içinde düşünce oluştuğunda ise yaşam, düşünceyi keşfetmek için kullanır.*** İnsan zaman içinde var olduğunda keşfetmeyi unutur. Düşüncenin içindeki yargılama ve mukayese; ikilik içinde geçmiş ve gelecekte gider gelir. *Live Alive* içinde olduğunda sadece keşif vardır. Bu keşif yeni bir oluşumdur ve canlıdır. Düşünceye ihtiyaç duymaz, çünkü icat etmiyordur. Yani uydurduğu şeylere gerçekmiş gibi bağlanma ve inanma yoktur. Keşif, olanı ve var edeni yaşamaktır. İnsan *Live Alive* içinde olduğunda mukayese yoktur ve olanı tam ve net şekilde yaşar. Yaşam ve canlılık zamansız keşifle oluşur.

Bulunduğun anı, kendini, toprağı, etrafını şimdi keşfettikçe yaşam enerjisi dolmaya başlar.

Yaşam enerjisinin olduğu yerde sevgi vardır. Bunu kelimelere bırakmayın, şimdi test edin. Bulunduğunuz yeri koklayın, dokunun, fark edin, tüm sesleri duyun, inceleyin ve fark edin. Fark etmek ve farkındalık uyanmak demektir. İnsanın uyanması yeniden uyumayacağı anlamına gelmez. İnsan zihnini eğitmediğinde zihin onu yönetir. Ve zihin alışkanlığı gereği devamlı konuşur. Konuşabilmek için düşünür... Düşünce zamandır ve mukayese ikilikten gelir. İkilik sevginin öldüğü yerdir. İkiliğin olduğu yerde bölünmüşlük oluşur ve beyin konuştuğu düşünceyi anlayabilmek için devamlı mukayese eder. Mukayese varsa sevgi yoktur. Sadece zaman vardır. İnsan şeytanla savaşır. Şeytan zamandır. Zaman içinde ancak var olur. Zamansız olduğunda sevgi vardır. Sevgi nedenlerle doldurulduğunda, nedenler boşluğu doldurur, sevgi yok olur.

Sevgi yaratılış ve yaratma aşkı içinde var olur, yaratılan zaman içinde yok olur.

Bilir misin keşfetmek için ne gerekir?

Tabii ki sevgi gerekir. Sevgi içinde olmadan, kişi hiçbir zaman keşfetme aşkıyla eylemde olamaz.

Deneyin, bakın, bütün hayatınızı gözlemleyin...

Ancak çok severseniz keşfetmek istersiniz. Keşfetmek sevgiden gelen bir eylemdir, düşünceden gelen bir eylem değildir. Düşünce hiçbir zaman keşfetmeye çalışmaz; düşünce sonuçla ilgilidir, çıkarcıdır, beklentileri vardır. Hiçbir zaman olanla ilgilenmez, çünkü düşünce zamanla var olur. Zamanın olduğu yerde hiçbir zaman bu an, şimdi kesinlikle yoktur. Zaman sadece nedenlerle ve nelerin olacağı ile ilgilenir.

Bilir misin sevgi bununla ilgilenmez.

O sadece ne'ye âşıktır.

O şimdi, şu anda neyse olan, onunla ilgilenir. O'nun nereden geldiği ve nereye gideceğiyle ilgilenmez. Böyle bir eylemin hiçbir nedeni yoktur, illa "neden" istersen doğal, içsel, nedensiz bir anlayıştan doğmuştur. Bazen bir ışık görürsün, zannedersin ki işte buldum. Ama o ışık sadece bir mumdur. Mum yanar, zaman içerisinde söner. Senin bulduğun sadece bir mumdur. Zaman içinde sönen kesinlikle sevgi değildir. İnsanlık işte bu yüzden hiçbir zaman sevgiyi anlayamamıştır...

Live Alive sevgidir, koşulsuzdur ve zamansızdır. Ve hiçbir zaman bir mekâna ihtiyaç duymaz. Sevmenin mekânı olmaz ama zaman var olmak için hep bir mekân arar...

Bu bölümü keşfetmeniz ve hissetmeniz için burada kitaba bir müddet ara verin ve içinize dönün. Anlam yüklemeyin, düşünmeyin, tartışmayın. Sessizce içinize dönün...

Tüm dünya sana saldırdığında,
Bil ki bu saldırı değişimin hızlanmasıdır.
Yüksel, hemen!
Saldırıları anlamadan ne kadar savaşırsan seni o kadar içine çeker. İçsel dünyadaki tek olay değişimdir, bunun dış dünyadaki algısı ise geçmişin saldırısıdır. Saldırı ne kadar büyük ve dayanılmaz ise değişimin de o denli büyük olur. Yüksel, yüksel, o anda değişim olacaktır. İçsel olarak yüksel, bir milim çaba sarf etmeden... Böylece dışsal saldırılar için ulaşılmaz olursun.

Yükselmek için tek ihtiyacın, kim olmadığını anlamandır. Sen bu olamazsın. Bu sadece senin yarattığın kötü bir rüya olabilir.

Sorumluluğunuz büyük!
Var etmenin güzelliğini yaşayın,
Her şey siz ve sizden gelen ve size geri dönüyor.
Ne kaybettiniz, ne de buldunuz.
Her şey olması gerektiği gibi!
Kutlayın var ettiklerinizi ve devam edin var etmeye!
Siz olmasanız biz olmazdık...

Live Alive olmak, olduğunu anlamak erdemdir
Ve insanın ne olmadığını anlaması ile başlar...
Seni sen yapan, simdi, şu anda düşündüklerin, bedenin, eylemlerin değil... Onlarla özdeşleştiğin an; sen yok olursun. Bu senin farkındalığını, bilincini kaybetmene neden olur...
Ancak olan olmadığını anladığında; özgürdür!
İşte o anda her şeysin!
Beden de düşünce de, alan da, boşluk da...

YARATICILIK İÇİNDE OLUŞUMUN GÜCÜ

Bu konuyu anlamak için tüm doktrinlerden, bağnaz ve muhafazakâr yapılardan kurtul. Bilimsel ve bilim dışı tüm bilgilerden bağımsız ol. Serbestçe ilerle.

Bir şeyin oluşması için ne gerekir?

Bir şeyin yaratılması için neye ihtiyaç ***yoktur***?

Şimdi bu soruları gözlemlemek için kitabı bir süreliğine kapat. Ve bu soruları gözlemle. Cevap arama sadece gözlemle ve sorgula. Artık tüm sorular ve cevaplar bittiğinde yeniden buluşalım.

Geri döndüğüne göre devam edelim...

Bir şeyi var etmen ve yeni bir sen var etmen için neye ihtiyacın var? Tabii ki müthiş bir enerjiye ihtiyacın var. Enerji olmadan hiçbir şeyi var edemeyiz. Alanın devamlılığı veya maddesel devamlılık için durağan ve az enerjiye ihtiyaç varken, yeni bir şeyi var etmek için çok, çok, çok yüksek enerjiye ihtiyaç vardır. Bu yaratıcılık eskinin gelişimi ve düzeltilmesi için çalışmaz. Eskiyi komple yok etmeden yeni yepyeni bir şeyi var edemezsiniz. İnsan kendisini geliştirmek için çalışır. İnsan dünyayı anlamaya çalışır. Fakat bu imkânsızdır. Şimdiki sen, ölü olan sen neyi, nasıl yapacaksın? İşte tam da bu sebeple bu ölüden kurtulmadan bu mümkün değildir. Bunu ya isteyerek şimdi yaparsın ya da cehennem içinde acılar çekerek, gün gelir belki yaparsın. Ama imkânsızdır. Çünkü yeni bir şey yaratmak için eski sen kesinlikle yok olmalıdır. Bu yok oluş aynı madde içinde olan yeni bir şeyin var olması gibi görünür. Bu, sinir sistemi içinde anlamı görmen için var olur. Sonuçta yaratıcılık yeni bir şeydir ve yeniden gelir. Yeni, bir madde var edebilmek için yüksek bir enerji kullanır. Yaratıcılık maddeden gelmez. Madde ancak boşlukla bağını koruduğunda yaratıcılık ve devrimsel değişim mümkündür. Bu kitabın aktardığı en önemli olgu, madde ile boşluk arasındaki bağın devamıdır. Sonuçta bu bağ koptuğunda yaratıcılık da ölür. Çünkü yaratılanın, yaratılışın keşfini yapabilmesi için; boşluk-alan-madde arasındaki müthiş akış devamlı olmalıdır. Boşluk yaratır ve alan oluşur; o alan içinde madde var olur. Madde sinirsel yapısı ile keşfeder.

Madde keşfeden olmasaydı yaratmanın ne anlamı kalırdı? Yaratım olmasaydı madde nereden var olurdu? Babanın baba olması için çocuğuna; çocuğun çocuk olması için babaya ihtiyaç vardır. Sonuçta bilinçli bir madde, boşluk içinde olduğu sürece yaratım süreci müthiş bir ahenkle ilerler. Madde maddeyi yok eder ve yaratır. Yaratılan, yaratıcıdan aldığı sonsuz enerjiyle devamlı yok olur ve var olur.

Bilir misin?

Gerçek oluşum ve yaratıcılık dış dünyada ne ürettiğin ve yarattığın değildir. Onlar sonuçtur. Gerçek yaratıcılık aynı bedende yok olman ve yeniden var olmandır. Yani yaratıcılık her an yeni sen, canlı sen, Live Alive içinde olan sensin. Sen yeni olduğun sürece yaşadığın dünya da yenidir.

Bilir misin?

Dış dünyada hayatını, evini, işini değiştirmeye çalışmak nafile uğraşlar, egosal savaşlardır. Düşünceni değiştirirsen dünyan değişir söylemlerinden kurtul! Sen yok olmadan ve yeniden var olmadan, enerjin değişmeden, düşünce değişmez. Sen değişmeden dış dünyayı değiştirmeye çalışmak, eskisinden de kötü sonuçlar doğurur.

Oluşum içinde olan ve bu bilinç içinde eylemde olan Canlıdır. Olan olduğunu sanan ölüdür. Her an oluşturmaya ve yaratmaya devam. Rutin olan ölüdür. İçinde korkan ve bu endişeyle kendine acıyan ölüdür. Hangi koşulda olursa olsun, kendini olaylara ve içindeki bölünmeye bırakmayan Canlıdır. Başarı sadece Canlı olmaktır. Ancak biz Canlı olduğumuzda, etrafımız canlanır. Senin şimdi dediğin geçmişteki imgelerin ve endişelerinin izdüşümüdür. Canlı olan tüm zamanların üstündedir, zaman korkudur. Şimdi karar almalısın! Şimdi sıra sizde, haydi bir adım. İlk adım zordur. Bilirim çok zordur, ancak Canlı olan şimdi eyleme geçecektir.

EYLEMSİZLİKTEN DOĞAN EYLEM

Belki de insanın yaşadığını hissettiği tek an, harekete geçtiği an, yani eylem.

Şimdi size önemli bir soru... Bizi ne eyleme geçirir?

Harekete geçiren şey nedir?

Bunu iki kısımda görmeli. Biri otomatik refleks hali. Dış dünyaya karşı bir refleks. Bir diğeri de bizi eyleme geçiren düşüncenin hareketi... Düşünürsünüz, planlarsınız ve eyleme geçersiniz. İkisi de bedenen insanın hayatta kalma dürtüsü ile geliştirdiği eylemlerdir.

Öncelikle bunları inceleyelim, sonrasında *Live Alive*'daki eylemi...

Hazır mısınız?

Dikkatinizi verin. Okuduğunuzu kabul etmeniz veya etmemeniz önemli değil. *Live Alive*'ın bu yedinci adımında; mukayese yapmadan sessizce, yargılamadan veya haklı olup olmadığımla ilgilenmeden, içsel olarak tüm dikkatinizi vererek ve sessizce, beraberce boşluktan ilerleyelim.

Eylemin düşüncenin bir hareketi olduğu üzerinde hemfikiriz değil mi? Bir şey düşünüyorsunuz ve onunla ilgili bir eyleme geçiyorsunuz. Daha önceki bölümlerde de konuştuğumuz gibi; düşünce geçmişte biriktirdiğimiz hafızanın eseridir.

Öyle değil mi? Düşünce hafızadan gelen bilgi ve tecrübenin şimdi şu anda karşılaştığımız olaylar karşısında eski bilgilerimizden, bir nevi eski kütüphanemizden çıkardığımız bilgiler değil mi?

Bu düşünceye göre de eyleme geçiyorum.

Saat 12 oldu. Öğlenleri yemek yerim diyen düşünce; şimdi de nerede, ne yemesi gerekli olduğunu düşünüyor...

Öyle değil mi?

Bu durumda fark ederim ki düşünce geçmişse ve eylemlerim düşünceden geliyorsa, o halde bütün eylemlerim geçmişin tekrarı olacaktır. Bir nevi bir robot, bir Pinokyo gibiyim.

İpler de düşüncelerim... Ama nerede ne yapacağı geçmiş bilgiye göre kodlanmış durumda...

Bu durumda hareket ediyor olmama ve eylemde olmama rağmen, acaba canlı mıyım?

İnsan bu durumdayken yeniyi, yepyeniyi keşfedebilir mi?

Bu durumdayken bir robot gibi kodlanmış hareketleri yapıyorum. Hatta daha üzücüsü, bu düzenli hareketlerim ve eylemlerim hem kendime hem de dış dünyaya güven veriyormuş gibi görünüyor. Kendim ve çevremdekiler benden ne bekleyeceğimizi biliyoruz. Hatta bunu karakterli olmak diye tanımlıyorum.

Ayrıca, bir de benim dahi neden yaptığımı bilmediğim bilinçaltımdan gelen otomatik refleks hareketlerim ve eylemlerim var. Bilimadamlarının ve psikologların araştırmalarından detaylı inceleyebileceğiniz gibi, bunlar geçmiş binlerce yıllık hayvansal, savunma odaklı kodlamanın ve ebeveynlerinizi kopyalamanın sonucu oluşan refleks hareketleri...

Bunlar *Live Alive* içinde, ölülerin son adımları olarak görülür. Kendilerinin dahi farkında olmadıkları son çırpınışları...

Şimdi yavaş yavaş *Live Alive* eyleme geçiyoruz. Derin bir nefes alın ve verin. Birkaç defa bunu yapın ve alıp verirken izleyici olun.

Şimdi ilerliyoruz.

Live Alive'da eylem nedensizdir. Nedenler sonra gelir. Eylem boşluk içinden oluşan alan ve onun sonucu harekettir. Eylem *Live Alive* içindeki sonsuz enerjinin ve coşkunun içinden var olur. Düşünce bundan sonra gelir.

Bu, zombi hayatı yaşayan insanlık için kabul edilemez. Çünkü onların bütün eylemleri düşünceden gelmeli. Düşünmeli, planlamalı... Mantık dedikleri yalanlar ile bir kılıf örülmeli. Dolayısıyla *Live Alive* eylemi onun için çok mantıksız... Düşünmeden hareket etmek aptalcadır. Kesinlikle aynı fikirdeyim, o bunu yapmayı düşünmemeli bile. Bu, güvensizlik içinde yaşayan ve ipleri dış dünyanın elinde olanlar için kesinlikle mümkün değildir.

Live Alive içinde olmak isteyen sevgili kardeşim. Buraya kadar geldiysen şimdi düşme, kendine bir şans ver. Ve derin bir nefes alarak ilerleyelim. Korkuyu düşüncenin yarattığını konuşmuştuk. Bunu bildiğine göre, neden halen oradasın?

Çık oradan, düşme!

Buraya kadar geldiğin bu müthiş yolculuğa devam et.

Nedensizliğin gücünü anla.

Seçimsiz farkındalık içinde kararlı ve net olmanın güzelliğini yaşa.

Live Alive yedinci adım aydınlanmanın ardından gelir. Bu boşluk içinde müthiş bir enerji ve canlılık içindeyken; ne yapayım diye sormazsın. Zıtlıkların olmadığı sevgi dolu, aydınlık bir yerde olduğunda; eylem, yarattıklarını keşfetmek için gösterdiğin durdurulamaz bir harekettir. Ve her eylemin kesin başarı ile sonuçlanır. Ardından nedenler araştırılır ve matematiksel formül oluşturulur. Önce bir şeyi yaparsın, başardığın veya başaramadığın şeyi yazarsın. Bu formül olur.

Eğer yaratıcılık düşünceyle var olsaydı; bu her defasında tekrar etmek olurdu. Yenilik diye adlandırılan, boşluk içinden çıkan nedensiz eylemdir. Sevgi, neden içinden gelmez. Sevgi nedensizdir. Önce seversin sonra nedenler bulursun. Yaratıcılık için bilgi gerekmez.

Yaratımın maddesel oluşumu için gerekli olan budur. Önce eylem sonra düşünce; önce nedensiz sevgi sonrasında nedenleri ortaya koyarak anlamaya çalışan zihin...

İnsan ve hayvan arasındaki ortak nokta refleks hareketleridir. Fark ise hayvanların refleks ve sezgi ile yaşarken; insanlığın çoğunluğunun refleks ve düşünce ile yaşıyor olmasıdır.

İnsan düşünme ve bilgili olma yolunda ilerlerken müthiş bir yeteneğini, sezgisini iyice köreltti.

"Sezgisel zihin ilahi bir hediye, mantıksal zihin ise sadık bir hizmetkârdır. Biz hizmetkârı onurlandıran ve hediyeyi unutan bir toplum yarattık."

Albert Einstein

Live Alive bunu bütünleyen bir anlayış oluşturur. *Live Alive* içinde olan, aydınlanmış kişilerde bilinçli olmak ve bilinçli eylemde bulunmak öncelikli olduğundan refleks hareketi neredeyse yok denecek kadar azalmıştır.

Aslında yok olmuş olması gerekir. Çünkü aydınlığın olduğu yerde hayvansal dürtü, bilinçaltından gelen eylemler veya insanın bireysel devrimi içindeki hayvandan evrimleşme süreci son bulur. Refleks yani kendini savunma ve hayatta kalma dürtüsü gereksiz bir hal almıştır.

Kendini gözlemle ve bu konularda ne durumda olduğunu anlamaya çalış. Senden üç ila beş dakika süresince, buraya kadar okuduklarını hayatın içinde anlamak için bir süre içine dönmeni istiyorum.

Yargısızca kendini izle...

Anlamaya çalış.

Şimdi devam edelim. *Live Alive* içinde olan, eylem konusunu fark etmeli. Eylem bir tepki ise o tepki reflekstir. ***Tepki; farkındalık, bilinç ve sorumluluk duygusunun yok olduğu yerde var olur.*** Tepki kendinin farkında olmama halidir. *Live Alive* içinde olan bilir ki her etki bir tepki doğurur. Etki ise kendisinin var ettiği bir oluşumdur. Bu yüzden tepki vermez. Dış dünyada göstermiş olduğu eylemlerinde tepki gibi algılananlar; etkisinin tamamlanması ve sonlanması için uyguladığı bilinçli bir aktivite, eylemsel bir eylemdir. Dış dünya onu tepki olarak algılar, *Live Alive* için tamamlama olarak sonlandırmadır.

Tepki bir âcizliktir. *Live Alive* içinde olmayanlar tepkileri ile tepkiyi bir döngüye döndürürler. Tamamlama olmadığı için tepki aynı zamanda onları harekete geçiren bir oluşumdur. Bunun sonucu olarak tepki veren, bir adım sonrasında tepki verdiği şey için tepki olur. Bu sefer oradan yeni bir etki ve devamında gelen tepki... Bu döngü söz konusu ruhsal yapı içinde takılmış bir plak gibi yıllarca sürer. Ve içinden çıkılmaz bir hal alır.

Düşünün neden bir olay olduğunda ilk yaptığınız şey tepki vermektir?

Neden?

Lütfen kitabı bırakın ve birkaç dakika düşünün.

Bu inceleme size gerçeği tüm aydınlığı ile sunacaktır.

Şimdi daha derine *Live Alive* içindeki derin eylemi incelemeye geçiyoruz.

Live Alive içindeki eylem içsel olarak başlayan ve dışa ışıksal olarak yayılan bir olgudur. Bizler eylem denince hep dışsal yönde yaptıklarımızı düşünüyoruz. Buraya kadar da size o yönde aktardım. Şimdi daha derine ilerliyoruz.

Live Alive içinde eylem tepkisizdir. *Live Alive* içinde olan içsel ve dışsal olaylara karşı kesinlikle tepki vermez. Eylemleri tepkisiz eylemlerdir. Bu yaratıcılığın doğduğu, yaratımın oluştuğu, zıtlığın yok olduğu etki ve tepkinin dışında var olan bir oluşumdur. Hiçbir çaba yoktur. ***O güzelliğin ve sevginin yayıldığı bir ışıksal görseldir.*** Yeni, yepyeni olan bir oluşumdur. Ve burada eylem, yaratıcılığını ve oluşumunu keşfeden bir maddedir. ***Eylem, maddedir.*** Yani ben diyen sensin.

Yarattığı keşiften haz duyan eylemdir. Ve tüm altı adımın keşfini yaşayan bilinçli bir maddedir eylem... *Live Alive*'daki eylem, ancak tepki vermediğinizde oluşur. İster içsel dünyanıza, düşüncelerinize, isterse dışsal dünyadaki olaylara karşı hiç tepki vermediğinizde oluşur. Tüm dünya ve zihnin sana saldırdığında, artık çıldırma noktasında olduğunda dahi hiç tepki vermeden içsel ve dışsal olarak sessiz kalabiliyorsan, işte o sessizliğin ve boşluğun içinden gelen canlılıktır. Eylem canlı olmaktır.

Düşüncelere ve dışsal olaylara düştüğünde, artık canlı değilsin. Bilmem bu sözlere yetmeyen oluşum anlatılabilir mi? Bu yüzden tüm sözler dursun... Şimdi! Eylemsiz eylemde ol!

Sevgimle...

Live Alive 7 Adım

Boşluk – Emptiness

Gözlem – Observation

Anlamak – Understand

Anlamı Görmek – Inner Eye

Canlı Boşluk – Alive Emptiness

Oluşturmak – Creation

Eylem – Be in Action

Live Alive 7 Adım Akış

1. Nefes **AL** ve Farkında **OL**
2. Gözlemle ve Yorum Yapma, **İZLE**
3. İçsel dünyanı **ANLA**, Yargılama
4. Sessizliği İçsel Gözünle **GÖZLEMLE**
5. Derin ve Geniş Boşluğu ve Gücü **HİSSET**
6. Boşluğu, Enerjini, Yaratıcılığını **VAR ET**
7. Eylem, **KEŞFET**

Soyuttan Somuta Var Etme Sanatı

Soyut	-	**Somut**
Güç	-	Kuvvet
Sorumluluk	-	Görev
Yaratmak	-	Çalışmak
Görünmez Bağ	-	Bağımlılık
Anlamı Görmek	-	Görüneni Anlamak
Zamansızlık	-	Korku
Mükemmellik	-	Rutin
Ölümsüzlük	-	Limitli

LIVE ALIVE 7 ADIM - ÇALIŞMANIN BÜTÜNÜ

Live Alive'ın aşamalarına geçmeden önce bir hatırlatmanın faydalı olacağını düşünüyorum. Bütün öğretilerde ritüeller, bir yere ulaşmak amacıyla yapılan özel uygulamalar ve çeşitli çalışmalar vardır. Bunların belirli bir disiplin içinde uygulanması beklenir ve bir bakarsınız ritüeller amaçtan çok daha önemli bir hale gelir. Ritüelleri doğru ve eksiksiz uygulamanın, hakikate ulaşmak için kesin ve en önemli yol olduğu üzerine insanoğlu devamlı olarak aldanmış, aldatılmış, aslında işin doğrusu kendini kandırmıştır.

Şimdi ben de size *Live Alive*'ın yedi önemli adımını aktarmak istiyorum. Gördüğünüz gibi bu işte bir tezatlık var. Çünkü ritüellere ve uygulamalara inanmayan, kabul etmeyen ve reddeden, onları serbest ve özgür bir zihnin önündeki en önemli engel olarak gören, neden şimdi size bu yedi adımlı yolu vermektedir?

Fark ettiyseniz kitabın başında da yedi adımı koydum ancak hiçbir açıklama yazmadım. Ancak kitabın tamamında beraberce ilerleyebildiysek esasında bütün bu adımların üzerinde özgürce *Live Alive*'ı, canlı yaşamı yaşamış ve yaşatmışızdır.

Peki, o zaman bu yedi adıma neden ihtiyacımız var?

Bunu *Live Alive* içerisinde beraberce anlamaya çalışalım. Öncelikle kesin bir gereklilik olmadığını, *Live Alive* içinde olmak için, bu yedi adımı hiç kullanmayabileceğinizi kesin ve net bir şekilde söylemem gerekir. Ancak binlerce kişiyle beraber yapmış olduğum çalışmalar ve uygulamalar göstermiştir ki, kişi zihnen bir eğitim içinde olduğunda, daha hızlı ilerliyor.

Bu adımlar ve kavramlar, bir insanın haz halinde olduğundaki gibi zamansız bir süreçte yaşandığında faydası çok yüksek olacaktır. Bir mantık çerçevesi içerisinde bedeni veya zihni zorlayarak yapmış olduğunuz her nevi çalışma size bir şeyler hissettirse bile bunların *canlı yaşamla* hiçbir alakası yoktur. Bunların tamamı zihnin oyunlarıdır. *Live Alive* zamansız bir kavramda var olur, zamansız bir kavramda yaşar ve zamansız bir kavramda yaşatır. Ritüeller ise belirli bir zaman içerisinde, yani akış içerisinde oluşur ki bu akış da zamandır. Zamanın olduğu yerde halen düşünce ve maddesel olgular devam etmektedir. Bu yüzden bu uygulamalarda uzmanlaşmış olmak demek; içerisinde kaybolmamak, amaçları araç haline getirmemek demektir. İlk uygulamaların vermeye çalıştığı; zihnin ve beynin sessizliği hissetmesi, farkında olması ve bundan müthiş bir haz duyduğunu anlamasıdır. Bu da beynin iyi bir yönetici olduğunu ancak yaratıcı olmadığını fark etmesini sağlar. Beyin bu farkındalık bilincine ulaşırsa rahatlayacak ve kendisini çok daha güvende hissedecektir. Ve bu çalışmalar içinde herhangi bir çaba, mantık ve düşünce aramadan bir nevi teslimiyet kültürü içerisinde ilerleyecektir.

Şimdi, bu çalışmayı bir yere ulaşmak, bir şeye kavuşmak için yapmayın. Bu çalışmayı bir oyun oynar gibi, iyi bir gözlemci olarak zihninizi, bedeninizi fark ederek yapın. Çalışma içerisindeyken neler hissettiğinizin, neler düşündüğünüzün, hepsinin farkına varın. Devamındaki çalışmaları yaptığınızda bir öncekiyle mukayese etmeyin veya bir sonrakinde daha iyi olacağınızı sakın ola ki beklemeyin.

Her çalışma kendine özgüdür, eşsizdir ve tektir. Beynin mukayeseleri karşısında sessizce izleyici olun, amacımız daha iyisini yapmak değildir. Her şey olduğu haliyle mükemmeldir.

Bu çalışmalar belirli bir sıra gösterse de hiçbir sıra olmadan birinci adımdan direkt olarak boşluğa geçilebilir. Bu çalışmalara ihtiyaç duymadığınız ana kadar devam etmenizi tavsiye ederim.

Uygulamayı kendi sesinizle okuyarak kaydediniz. Ve uygulamaları kendi sesinizden dinleyerek yapabilirsiniz. İlk uyguladığınız dönemler *Live Alive* oluşmayabilir ve oluşmayacaktır. Çünkü dinliyorsunuz, takip ediyorsunuz ve bir adımdan diğerine geçiyorsunuz ve tüm dikkatiniz uygulamaları doğru yapıp yapmamak üzerine... Fakat yine kendi sesinizi dinleyerek yaptığınız birkaç uygulama sonrasında sesinizdeki ritüellerin artık bir önemi olmadığını, sesinizin sadece ve sadece bildiğiniz bir dünyada rehberle beraber geziyormuş hissi veren bir duyguya döndüğünü gözlemleyeceksiniz. Daha sonraki adımlarda hiçbir şekilde saate bakmadan, zamana dikkat kesilmeden, hiçbir sesi dinlemeden, sessizce kendiniz ilerleyeceksiniz. Hâlâ kaçıncı adımda olduğunuzu veya bir sonrakinin ne olduğunu düşünmeye devam ediyorsanız biliniz ki daha tam anlamıyla *Live Alive* içinde değilsiniz. Bu iyi ya da kötü değildir. Sadece ne olduğunuzu, olayı, o anı anlamaktır. Bunu fark edip anlamanız dahi *Live Alive*'ın bütün kapılarını açacaktır. Kişi neyin yanlış olduğunu anlarsa ve bunu büyük bir hoşgörü ve anlayışla karşılarsa, bütün kapılar zaten açılmış olur. Lütfen bu çalışmayı çeşitli meditasyon ritüellerine, bazı dini öğretilere, şuna veya buna benzetmeye çalışmayınız. Eminim ki her öğreti, her çalışma kendince bir şeye hizmet ediyordur ancak dini öğretiler, şaman kültürleri, kadim uygarlıklar ya da bu konularla ilgili ne biliyorsanız, bilin ki *Live Alive* hiçbir şekilde bunların hiçbirine benzememektedir.

Anlaşılması için birbirine benzer kelimelerin ve sözlerin kullanılmış olması, onların aynı anlama geldiğini göstermez. Her söz, her uygulama, her eylem de aynı anlama gelmez.

Eğer hazırsanız yavaş yavaş başlayabiliriz.

1. Boşluk

2. Gözlem

3. Anlamak

4. Anlamı görmek

5. Canlı boşluk

6. Oluşturmak, var etmek, yaratmak

7. Eylem

HAZIR MISIN?

Şimdi beraberce bu uygulamayı pratik edelim. Hazır mısın?

Rahat ve sessiz bir ortamda oturman ilk çalışmalar için çok önemlidir. Sonrasında unutma ki zihnin *Live Alive*'ı pratik etmesiyle beraber bunu faydalı bir alışkanlığa döndürecektir. Ancak bu alışkanlık refleks hareketi olmayacak, farkındalık ve bilinç içerisindeki bu uygulama beynin yani zihnin içsel dünyasıyla bütünleşmesini sağlayacaktır. Çünkü bütünlük içerisinden çıkan eylemler refleks hareketi değildir. Tamamıyla farkındalık içindeki bilinçli bir harekettir. Bu uygulama sayesinde önceleri beynin alışkanlık yapmasını sağlarken, sonraki aşamalarda zihin, beden ve enerjinizin (içsel dünyanızın) bütünleşmesiyle artık dış dünya, iç dünya ve düşünceleriniz arasında gidip gelen ve onların içinde kaybolan bir yapıda olmak yerine; bire bir boşluğun kendisi olan bir yapıya kavuşacağınızdan ve her an *Live Alive* içinde yaşayacağınızdan günlük olarak bu uygulamaları tekrar etmenize gerek kalmayacaktır. O döneme kadar bu çalışmayı yapmaya hazır mısınız?

Eğer hazırım diyorsanız bir kez daha hatırlatmak ve uyarmak isterim ki bu çıkılan yolculuk dönüşü olmayan bir yolculuktur, halen vazgeçebilirsiniz...

Çalışmayı yarım bırakmanız durumunda bir nevi Araf'ta kalmak misali hayatınız iyice dengesiz ve huzursuz bir oluşum içinde olur. Geçmiş ve gelecek kavgalarınız ve çatışmalarınız fazlasıyla artar ve hayatınız bir cehenneme dönebilir. İsterseniz burada bırakabilirsiniz. Kitap sizin için boş zamanınızı geçirdiğiniz hoş bir anı olarak kalabilir.

Gerçekten hazır mısınız? *Live Alive* yeni ve yepyeni bir oluşum sağlayacaktır. Bu oluşum için hazır mısınız?

Şimdi sizden ricam burada durmanız ve en azından bir gün sessiz ve sakin bir şekilde kendinizle kalmanızdır. Arzulama, isteme veya merak etme halinden kurtulup içsel olarak coşku ve neşe hali içerisinde kitabı yeniden açarsanız artık hazırsınız demektir.

Eğer böyleyseniz devam edebiliriz...

Evet, hazırsanız başlayalım.

Bu bölümü kendi sesinle kayıt etmeni ve çalışırken okumanı değil dinlemeni tavsiye ederim. Hazır olan kim farkında mısın?

Şimdi bunu anlamak için gözlerini kapat. Bu çalışmanın ilk adımlarında gözlerin kapatılması daha uygundur çünkü beyin dışarıda gördüğü her şeyi bir düşünceye dönüştürmektedir. Fakat ileride buna gerek kalmayacaktır.

Sessizce gözlerinizi kapatın ve izleyici olun.

Şu anda kimsiniz? Bu çalışmayı yapan kim?

Aklınıza gelen ilk cümleler kesinlikle beyinden gelen seslerdir. Onlara aldırış etmeyin ve sessizce izleyici olun. Bu oluşum içerisinde negatif veya çok pozitifseniz; endişeli veya kaygılıysanız çalışmaya başlamak için tam olarak hazır değiliz demektir. Bu çalışmaya ancak içsel olarak sessiz, nötr ve huzurlu olma halinde devam edilebilir. Eğer böyle değilseniz bir süre bunun üzerinde beraber duralım. Burnunuzdan nefes almanızı ve yine burnunuzdan nefes vermenizi ve bu süreçte sadece izleyici olmanızı tavsiye ediyorum. Bir süre nefes alın fakat nefesleriniz çabasız, çok yavaş ve ahenk içinde olsun. Nefes verişiniz, aldığınız hızda, yine çok yavaş, nefes verişiniz burundan olsun. Diyaframınızın çalışması çok önemli. Nefes aldığınızda diyaframın şişmesi, büyümesi ve nefes verdiğinizde diyaframın inmesi gerekmektedir. Unutmamalıyız ki nefes dışarıdan aldığınız ve dışarı verdiğiniz bir şey değildir. İçinizde aldığınızı ve içinizde geri verdiğinizi hissedin. Bunu bir süre devam ettirin, ne kadar devam edeceğinize siz karar verebilirsiniz. Sıkıldığınızda değil, olduğunuzda durun. Evet, şimdi yeniden kendinizi gözlemleyin ve hangi ruh halinde olduğunuzu anlamaya çalışın. İçsel yapınızda sessizlik, huzur, nötr merak ve keşfetme aşkı varsa şimdi çalışmaya hazırız demektir.

Değilseniz eğer, nedenleri boş verin neden böyle olduğunuzun hiçbir önemi yok... İçsel dünyanız, enerjiniz, ruhsal yapınız kesinlikle sabit değildir. Her an değişkenlik gösterir. Nedenleri araştırırsanız, enerjinizi nedenlerle birleştirirsiniz; nedenleri büyütür ve bağımlılık yaratırsınız. Emin olun ki nedenleriniz kesinlikle gerçek değildir. Bir rüyadır... Bu yüzden nedenlerinizle enerjinizi harcamayınız. Ancak enerjinizi nedenlerinize harcamazsanız çalışmaya devam edebilirsiniz çünkü birazdan nötr hale gelmiş olacaksınız. Evet, şimdi yeniden nefese geçelim.

Nefes alıyoruz, alıyoruz, alıyoruz, alıyoruz, alıyoruz... Aynı hızla veriyoruz, veriyoruz, veriyoruz, veriyoruz, veriyoruz... Bu hızda ve tempoda devam etmenizi istiyorum. Alıyoruz, alıyoruz, alıyoruz, alıyoruz, alıyoruz... Veriyoruz, veriyoruz, veriyoruz, veriyoruz, veriyoruz... Aynı tempo ve hızda devam edin.

Alma ve verme sürelerinizi artırabilirsiniz ki; zaman içinde artırmanız da daha faydalı olacaktır.

Evet, şimdi bir süre sessizce kalın.

Şimdi derin bir nefes alın ve verin; derin bir nefes alın ve verin; derin bir nefes alın ve tutun... Bir süre tutun ve yavaşça verin. Yeniden nefes alın, çok derin daha derin nefes alın ve yavaş, çok daha yavaş verin.

Şimdi gözlemlemeye başlayın. Dışarıyı, bütün sesleri, bedeninizi, bedeninizin verdiği tepkileri, düşüncelerinizi, her şeyi gözlemleyin. Hiçbiri için yorum yapmayın, sadece gözlemci olun. Herhangi bir düşünce sizi rahatsız etmeye başlayınca yeniden derin bir nefes alın ve yavaşça verin. Bunu üç kez tekrarlayın ve yeniden gözlemlemeye devam edin. Şimdi gözlemlediğinizi pozitif veya negatif, hiçbir yorum yapmadan sadece izleyin.

İçsel, içsel, içsel, içsel, içsel izleyici olun. Hiçbir düşünce iyi ya da kötü değil, hepsi sadece birer düşünce. Kendinizi gözlemleyin, ruhsal durumunuzu fark etmeye çalışın ve şimdi derin bir nefes daha alın...

Aldığınız nefesle beraber bütün düşüncelerle, bedeninizle ve zihninizle aranızdaki boşluğu hissetmeye çalışın. Derin bir nefes daha alın ve düşünceyle, bedeninizle, dış dünyanızla, yani her şeyle aranızdaki o boşluğu hissetmeye çalışın. O boşluk aslında şu anda yaratmış olduğunuz alandır. Bu alanı fark edin. Bu alanı ne kadar genişletebilirseniz, o kadar iyidir. Her nefesinizi farkında olarak alın, her nefes alışınızda kendinizle, düşüncelerinizle, bedeninizle ve dış dünyayla aranızdaki o alanın farkına varın; alan ne kadar genişlerse hayatınız da o denli zenginleşecektir.

İçsel ve dışsal, manen ve madden, o alanın bire bir farkında olun. Şimdi anlamı görmeye çalışın... Gözlemleyenin gözlemlediği ile bir ve bütün olduğunu görmeye çalışın... Yaratmış olduğunuz o sonsuz alanın, düşüncenin, bedeninizin, içsel ve dışsalınızın tamamıyla bir ve bütün olduğunu görün ve anlamı anlamaya çalışın.

O bütünleşmeyle beraber kasık bölgenizden hissetmeye başladığınız müthiş derecede canlı, o yüksek enerjiyi bütün bir alanda, bütün varoluşta hissetmeye başlayın...

Şimdi derin bir nefes daha alın. Gözleyen ve gözlemleyen, yani sizin ve bütün alanların, her şeyin artık bir bütün olduğunu ve hiçbir şeyin birbirinden farklı olmadığını hissedene kadar; en başından buraya kadar tekrar edin.

Sakın burada bırakmayın... Bunu anlayana kadar devam ettirin. Evet, şimdi derin bir nefes alın, alın, alın, alın ve yavaşça verin, verin, verin, verin, verin... Şimdi gözlemleyin; içsel dünyanızı, kendinizi, düşüncelerinizi yorumsuz olarak izleyin; gözlemlediğiniz her şeyle aranızda oluşturmuş olduğunuz alanı hissedin.

Derin bir nefes alın; aldığınız her derin nefesle bu alanın genişlediğini, genişlediğini, genişlediğini hissedin. Şu anda bir alan olduğunuzu, o alan içerisinde her şeyin var olduğunu anlayın. Bir ve bütün olduğunuzu, anlamların anlamını hissedin ve yaşayın. Bu müthiş bir enerjidir; bu enerjiyi hissettiğinizde bir süre orada kalın; şu anda ne bir düşünce var, ne içsel dünyanız ne de dışsal dünyanız var... Şu anda sadece sessizlik, sonsuzluk, limitsiz boşluk, tarif edilemeyen bir şey var, sadece size özel olan... Orada kalın, orada kalın... Bu kaldığınız tarif edilmez yerde enerjinizin akışını hissedin. Bu eylem halidir... O akışa izin verin, o akış yeni bir alanı ve yeni bir maddeyi var edecektir. Bunun, yedinci eylem adımı olup olmadığını çoğu zaman anlayamazsınız, oluştuktan sonra sadece hissedersiniz ve genellikle gözlerinizi açtığınızda daha büyük bir hisle bunu anlamış olursunuz. Yedinci adıma geçmeden önce altıncı adımdaki o müthiş boşluk alanında çok uzun saatler ve dakikalar kalma durumunuz olabilir. Bu çalışmanın ileriki aşamalarında harici hayatta sizi buradan çıkarabilecek saat, alarm, telefon ve çevrenizdeki dikkat dağıtıcı etkenlerden uzaklaştığınıza emin olun. Bu an, her zaman yakalanabilecek kadar kolay bir an değildir. Çalışmanın bu aşamalarına geldiğinizde ulaşılmaz olmanızı tavsiye ederim. Yedinci adım eylemdir, oluşumdur, aksiyon halidir... Ancak bu aktiviteyle, dışarıdan bir şeyler yapmakla ilgili değildir. Müthiş bir enerjiniz vardır. Bu enerji yepyeni oluşumları var etmiştir. Sadece şu anda gözle görülmemektedir. Ama en büyük değişim, en büyük eylem sizin içsel ve dışsal olarak, tam anlamıyla "transform" oluşunuzdur. Genellikle bunu fark edemezsiniz. Zaman içerisinde çevreniz sizdeki değişimi fark eder. Bazıları bu durumdan mutlu olurken, bazıları mutlu olmayacaktır. Ancak nedensiz olan bu eylem, boşluktan gelmektedir; müthiş bir anlayış ve sevgiyle beraber gelmiştir ve siz bu eylem içerisinde yeniyi, yepyeniyi devam ettireceksinizdir.

Canlı yaşama hoş geldiniz.

Büyük bir heyecanla ve sevgimle beklerim ki her bir hücre bu anı yaşasın çünkü her bir hücrenin bu anı yaşaması bütünün varoluşu ve yükselişidir. Bu çalışma bütün çalışmaların, bütün öğretilerin, bütün sistemlerin ve onların oluşturmuş olduğu korku dünyasının sonudur.

Sevgimle...

Live Alive Eğitimlerinden Sorular ve Cevaplar

✓Her gün onlarca problemle uğraşırken Live Alive – Canlı Yaşamak kolay mı?

İnsanın, o haldeyken korkması, üzülmesi, ağlaması, sıkılması, kendisini zayıf hissetmesi kötü bir şey değil. İnsan egosuyla savaş veriyor; "ben iyiyim, ben iyi olmalıyım" ya da "dışarıya karşı iyi görünmeliyim, dışarıya karşı böyle olmalıyım." Ama hep çatlaklar sinyaller verecek. O yüzden ***"Neysen O'sun".*** *Ve lütfen üzülmen gerekiyorsa üzül, ağlaman gerekiyorsa ağla, ne yaşaman gerekiyorsa onu yaşa.*

Live Alive yaşam çok ağır bir eğitim esasında, ama insanlar tam içine girmek istemiyorlar. Çünkü insan kendisiyle yüzleşiyor, bütün egolarıyla, yalanlarıyla, dolanlarıyla, samimiyet lafları altında sordukları sorularla... ***Hep kendileri ile yüzleşiyorlar. Ne olmadığını anlama kavgası bu esasında; ne olduğun ya da ne olacağın değil. İnsanlar hep bir şey olmaya çalışıyorlar. Sağlıklı insan, iyi insan, bilge insan, zengin insan, mutlu insan, huzurlu insan. Ama ne olmak istediği ile uğraşırken, ne olduğunun farkında değil.*** *Live Alive ısrarla hep aynı şeyi anlatıyor.*

Şu andaki halinizi sakın değiştirmeyin, yorumsuzca gözlemleyin, kalın orada... Pozitif olsanız bile gözlemlemeye devam edin, sonuna kadar.

Korkman, endişelenmen, üzülmen, sıkılman hepsi normal efektler. Korkunun hiçbir yerde çözümü yok. Ne bende, ne başkasında, ne orada, ne burada... Tamamıyla yalnızsın... Daha da çok kork, ama sonunda anlayacaksın ki, ne kadar korkarsan kork çözüm değil.

İşte o zaman belki bir şey bulabiliriz. Fakat sonuna kadar gitmiyoruz, yanınca bırakıyoruz. Lütfen devam et. ***Beyin oyun oynuyor, çünkü senin acı çekmeni istemiyor, kendisinin acı çekmesini istemiyor ve kendisine olmayacak hedefler koyuyor, olmayacak yalanlar söylüyor, kendisine olmayacak icatlar çıkartıyor ki kurtulsun oradan. Fakat orada kalabilme sabrını gösterebilirsen, hepsinin yok olduğunu göreceksin. Oradan yeni bir oluşum çıkacak. Çok önemli bir şey.*** *Üzüntünü anlıyorum, acını anlıyorum, hepsini ben de yaşadım. Yalnızlık ne demek bilirim, tek başına kalmanın ne demek olduğunu, bütün acıları biliyorum. Hepsini biliyorum. Lütfen hepsini yaşa...*

O senin kendi kendine yeterliliğini gösterecek en önemli sanat olacak. Sonuna kadar devam et. Çünkü çaresizliğin içinden çare çıkar. İnsanın önce çaresiz kalmayı kabul etmesi lazım ki, çare bulabilsin. Ama çaresizliğini kabul etmeyip, başka oyunlar bulursa anlamsız.

Kendini bilmek ve kim olmadığını anlamak ancak kendine dürüst olmakla mümkünse, samimiyet nedir?

Hepimiz aynı yalanı söylüyoruz. O yüzden de sorular hep aynı. Samimiyet nedir, dürüst olmak ne demektir, o nedir, bu nedir? Hep aynı sorular... Samimiyetin ne olduğunu bilmiyorum, ilk defa sizden duyuyorum, sizinle beraber öğreneceğim. Çünkü hep yalan içerisinde, hep bir şey olma sevdasıyla, şu anki hallerimizi görmek istemiyoruz. Birisi fark etse... Bu, Mevlana'nın "Ya olduğun gibi görün ya da göründüğün gibi ol" dediği kadar gerçek bir olay.

Bütün yalanlarını bıraktığında ancak samimi olabilirsin kendine...

Nedensiz *kitabında yazdığım gibi; bir gün eve geldin, makyajını temizledin, şık-marka kıyafetlerini çıkardın, nötr kaldın.* ***Şimdi yüzleşeceksin kendinle. Kimsin şu anda... Tam göreceksin...***

O yüzden insanın bunu fark edebilmesi lazım. ***Bunu fark ettiği an itibariyle, gerçek değişim başlayacak. Kendini avutmaya çalışma, kendini eğlendirecek oyunlar kurgulama. Lütfen üzüntünle yüzleş, üzüntünle kal. Bütün acılarınla... Bütün problemlerinle... Kal... Eğer orada kalırsan, bir saniye sonra bile geçebilir. Ya da bir dakika sonra ya da bir yıl sonra. Eğer tam ve bütün orada olabilirsen, beyin çözüm bulmaya çalıştıkça susturabilirsen, tamamıyla orada kalabilirsen işte o seni olgunlaştıracak.***

✓*Korku nedir?*

Televizyonda korku filmi olduğu için korkmuyorsun, televizyonu kapatmadığın için korkuyorsun. Televizyonun kumandası sende... Ama sen televizyona kendini o kadar kaptırmışsın ki kumandanın sende olduğunu unutmuşsun ve korkudan ödün kopuyor. Hayat da böyle, kendini kaptırıyorsun, o korkuları, aksiyonları, heyecanları yaşadığın zamanlarda kumandanı unutmuş vaziyettesin. Kanalı değiştirirsen, her şey değişecek. Tüm olay, kanal değiştirmek...

Belki seninkinin pili zayıflamış olabilir, basıyorsun basıyorsun bazen geç geçiyor ya... Bazısı daha hızlı geçiriyor, bazısı da tüm hayatı boyunca aynı kanalı seyrettiği için başka kanal yok zannediyor.

Bunu ilk fark eden çocuklardır. Mesela çocuklar 3-5 yaşında hep aynı filmi seyrederler. Güldüğü bir yer vardır mesela, o sahne gelir, her seferinde güler. Aynı sahneyi belki de yetmiş defa seyretmiştir ama yine güler. Çünkü onun film olduğunu biliyor ve çok keyif alıyordur. Büyüdükçe "Ya, ben o filmi biliyorum, aynı filmi niye seyredeyim?" dersin. Çocuk bunu çok saçma görür. Çünkü der ki: "Bildiğim bir şeye gülerim, bildiğim bir şeye ağlarım. Bu benim için güzel bir şey..." Sonra çocuk büyür ve seninle beraber bilmediğini zannettiği hayatı keşfe çıkar. Halbuki daha önce yetmiş defa seyrettiği oyuncularla beraberdir. Esasında hayat da öyle, birinci derecede avatara dönersen bir dakika sonra ağlayacağını biliyorsun aslında, komuta basmış haldesin, bir dakika sonra ağlayacaksın... Halbuki komuta basanın sen olduğunu fark etsen, bir dakika sonra ağlaman geldiğinde ağlarsın ama sadece keşfetmenin veya komutun vermiş olduğu bir ağlama olur.

✓Korku mu çözüm arayışını getiriyor yoksa çözüm arayışı mı korkuyu getiriyor?

İnsan sorun olduğu için korkmaz, çözüm arayışı korkuyu getirir, çünkü bulamıyorsun. Çözüm aramasaydın korkmayacaktın.

Çözüm arama çabası ikilik oluşturur, ikilik korkuyu doğurur.

Problemle bütünleşirsen problem ortadan kaybolacak.

Problemin ana kaynağı; problemle bütünleşmemen; çözüm bulmaya çalışman; çıkmaya çabalaman.

İkiliğin olduğu yerde enerji kaybı var. Önce olana konsantre ol, bütün enerjini oraya ver. Çözüm bulmaya çalışma!

Bütün enerjini oraya ver ne demek? Beyin çözüm bulmaya çalıştığı zaman nefes al bırak... Beyin başka yere gitti, nefes al bırak... Birazdan tüm bu saçmalıklar geçmiş olacak. Tam anlamıyla problemle bütünleşeceksin. Söz veriyorum problem diye bir şey kalmayacak... Dış dünyada problem devam ediyor görünebilir. Ama senin için içeride problem bitti... Dış dünyada olaylar zayıflamaya başlayacak, kaybolup gidecek. Belki bir gün sonra belki beş gün sonra...

Olanla ol.

Sana en yakın şu anda O...

Sana en yakın şey ne ise onunla ol.

Problem, sıkıntı, dert, tasa, korku.

Her neyse onunla ol şimdi, bu anda...

Onunla ol!

Kaçma!

Senin yarattığın hiçbir şey senden büyük olamaz.

Kal ve gör...

Çünkü tek bir problem var bu dünyada!

Bütünlüğün bozulması, ikiliğin oluşması...

Eğer birliği sağlarsan otomatikman yüksek enerjiye sahip olacaksın ve o enerji bu sorunu çözecek. Başka sorun yok çünkü. Dünyada problem yok; dünyada korku yok...

Dünyada tek bir problem var!

İnsanın içeride ikilik yaratmış olması. Başka hiçbir problem yok. İkilik egodur. İkisi aynı şeydir.

Bilinçli bir insan otomatikman durur burda, Stop!

O yüzden enerjini oraya buraya harcadığın zaman enerjin bitecek. O yüzden bütün enerjilerini şu an toparlaman lazım. Orada bir ışık patlayacak o zaman. O ışık seni karanlıktan çıkaracak. Ne yapman gerektiğini o anda fark etmiş olacaksın. Karar alıp eyleme geçmiş olacaksın. Düşünce yok orada... Önce eylem gelecek, düşünce değil. Düşünce sonra eylem değil!

"Canlılık" keşifle gelen bir şey...

✓Sorumluluk nedir?

Sorumluluk duygusu uyanmaktır. İnsan uyur.
Hiçbir şeyin farkında değildir.
Sorumluluk farkındalık bilinci ile gelir.
Bütün çalışmamız sadece farkında olmak içindi...

Şimdi şu anda farkında mısın?
Sorumluluğun olduğu yerde korku olmaz.
Sevmek sorumluluktur!
Uyan!

✓Sıralama enerji, eylem, düşünce mi? Bu üç kavramı açar mısınız?

Sen tek bir fikre kapılırsan eğer, çok yüksek bir enerjin olur ve artık orada enerji kaybı yoktur. Ama bilinç ayrı bir şey. Düşmanlık yapmak isteyenler mesela hep tek bir fikre bağlı olurlar. Öfkeli insanlar mesela, bir şeye öfkelenmiş vaziyetteler ve çok yüksek bir enerjileri var. Ama negatif insan dediğimiz zaman karıştırıyoruz, o yüzden kötü insan dersek belki daha iyi anlarız. Kötü insanda da yüksek derecede enerji olur. Ve o da pozitiftir. ***Negatif enerji düşük enerji, pozitif enerji yüksek enerji demek.*** *İlla senin için kötü olan bir şey, pozitif değildir demek değil ki. Savaşa giden bir asker pozitif enerjisi olan biridir mesela. Yüksek enerjisi vardır. Bilinçli olmakla ilgilenmez o, bilinç başka bir şey. Düşman dediğin insan günde sekiz saat nasıl kötülük yapacağını düşünüyor o yüzden enerji çok yüksek. Ama neden böyle oldu, o bunu niye yaptı, bu ne olacak diye düşünen insanda enerji yok. Sen enerjini boş yere harcıyorsun ama o enerjisini boş yere harcamıyor, enerjisini tek bir noktaya odaklamış vaziyette, sana düşmanlık yapmaya...*

İstediğinin ne olduğunun farkında olmak; işte o bilinç meselesi. *Yani istediği ne acaba? Düşmanlık yapmak mı yoksa bir şeye sahip olmak mı? Bilinçli olsa aslında sahip olmak istediği şeye sahip olamayacağını fark eder. O zaman bütün enerjisini o şeye sahip olabilecek alanı yaratmaya vermesi gerektiğini anlar.*

Enerjiyi düşüren tek şey düşünce. *Live Alive gereksiz yere düşünmeni engeller. Bilinçli insan farkındalık sahibi olur.*

Aldığı nefesin, düşüncenin, etrafın, olayların farkında olmaya başlar. ***Olaylara kendini kaptırmama sorumluluğundan sonra doğan bir şey bilinç. Yani farkında olduğun olaylara kendini kaptırmazsan bilinçli bir insansın.***

Live Alive'da yüksek enerji kavramı farklı... Senin sabaha kadar koşuyor, yüzüyor olman anlamında bir enerji değil. Live Alive enerjisi sakinlik ve huzurla ilgili bir şey. Nötr demek, dengede olmak demek. Neşeyle ilgili bir şey. Sakin, huzurlu ve neşeli insan demek, sabaha kadar gezmek, yerinde duramamak değil.

Nötr olduğun zaman bilincin çok yüksektir. Enerjin de yerindedir. Bir olaya karşı dikkatini verebilirsin. Orada sıkılma, zorunluluk, yorgunluk olmaz. Bilinçli olduğun zaman bütün enerjini olduğun yere verirsin. O zaman birçok şeyi anlar ve algılarsın. Daha önce hiç bilmediğin, duymadığın, görmediğin şeyleri... Netlik onun arkasından gelen bir şey. İnsan bir es verip, dursa ve anlamaya çalışsa o zaman çıkacak ortaya... Çünkü oradaki boşluk sana doğru cevabı verecek. Ama orada düşünmüyorsun. O boşlukta düşünce yok. Daha önce fark etmediğin bir şey geliyor.

Düşman, enerjisini düşmanlık yapmaya veriyor, kazanmaya vermiyor. Bir şey için çaba gösterirsen başaramazsın. Ancak çabalamayı bıraktığın zaman başarılı olursun. Boşluk olduğuna göre bir şey yapmıyor olman yani çabalamaman lazım. Bir şey yaptığın sürece orada olamayacaksın.

Bilincin enerjiye ihtiyacı yok, sadece bilinçli olabilmen için enerjiye ihtiyacın var. Dikkatini oraya vermeye ihtiyacın var. Araba durunca benzin harcamazsın.

***Enerjin olmadığında bilinçli olamazsın.** Sorumluluğun olduğu yerde bilinç var... Sessizliğin olduğu yerde bilinç var... Es verdiğin yerde bilinç var...*

✓Olmak ne demek?

Olmak zamanla ilgili bir şey değil. Şimdi olabilirsin. Ama şimdi olmak demek sonrasında evrimleşmek demek. Şimdi ne olmak istiyorsan olabilirsin. Örnek; Ben şimdi patron olmak istiyorum dedin, bitti. Şimdi patron olursun ama sen onu beyninde canlandırmışsındır, yaşamışsındır... Sonrasında eylemsel olarak bir süreç gerekiyor tabii... Ofis bulacaksın, şirket açacaksın. İşte orası evrimleşme süreci. Ama sen karar verdin artık. O zaten oldu.

✓*Mutlaka bir düşüm olmalı mı?*

İnsanın canlılığı düşleri ile var olur. Düşlerin önündeki tek engel kişinin düşünce yapısıdır. Bu düşünce yapısı yargılar ve korkular oluşturur. Düşleriniz yoksa bence bundan korkun çünkü yaşamıyorsunuz. ***Düş yarın veya seneye ne yapacağınız değil; şimdi ne yapmayacağınıza karar vermenizdir.*** *Negatiflik ve korku dolu bir bölünmüşlük içinde olduğunuz sürece artık canlı değilsiniz.*

Bunları bırak; şimdi bırak ve tüm benliğinle kendini düşlerine ver!

O anda eylemde ol!

Dinleme zihninin söylediği yalanları...

Sen yürü, hatta koş...

Sadece Canlı olanlar düşleyebilir,

Canlı Olmak, Live Alive olmak düşlerin düşüdür.

✓Neden hep yanlış olanı seçiyorum?

Seçimler dünyasından hiçbir zaman bütünlük oluşmaz.

Seçtiğiniz her ne olursa olsun, seçim bütünlüğün bozulmasıdır.

Yani seçtiğiniz ne kadar mantıklı olursa olsun, aslında sonu yıkımdır.

Karar; birlik ve bütünlük sonucu oluşan eylem halidir.

Seven kişi anlar.

Sevgi seçim değildir.

Yaşam içinde bütünlüğü bozan hiçbir zaman huzurlu ve mutlu olmamıştır. Ne zaman birliği bozmayı düşündünüz, bilin ki içinizde müthiş bir acı ve keder hissedeceksiniz. Öyle değil mi? Beyin sizi rahatlatmak için nedenleri sayar. Eğer bu haldeyseniz bilin ki yanlış yoldasınız.

Kucaklaşın, geçmişi bırakın.

Nedenleri bırakın.

Çözüm Birliktir.

✓*Doğru kararları nasıl alabilirim?*

Karar almak bütünselliğin sonucudur. ***Bütünsellik ruhen, kalben ve beynen "Bir" olmaktır.*** *Bunun olmadığı yerde seçim vardır. Seçim zamanla ilgilidir, bölücüdür. Bu ikilik ve bölünme, sonunda "keşkeleri" getirir.* ***Karar içsel bir bütünlük içinden oluşan eylem halidir.*** *Korku ve endişenin olduğu yerde bütünlük yoktur sadece seçim vardır. İnsan şimdi karar almalıdır. Ancak aldığı karar dış dünyada ne yapacağı ile ilgili değil, kendi içsel bütünlüğü ile ilgili bir karardır. Bunların oluşumu için yüksek sorumluluk bilinci gerekir. Kendinizden sorumlu musunuz?*

Sorumlu olsak şu anda endişe ve korku içinde olur muyuz?

İnsan kendinden sorumlu olsa korku oluşmazdı, öyle değil mi?

Kişi ancak sorumluluk bilinci içerisinde söz verebilir.

Bu söz de yine dış dünya ile ilgili değildir.

Şimdi söz vermelisin? Kendin için.

Seçim özgürlük değildir.

Korkunun bölünmüşlüğün sonucudur.

Kararlı insan özgürdür çünkü bağımlılığı yoktur.

Şimdi düşünün nelere bağımlısınız?

Bağ ve bağımlılık arasındaki farkı anlamalıyız...

Şimdi sorumluluğunu al,

bu senin korkunu yok edecek.

Şimdi kararlı ol, bu kendinle ilgili söz vermeni sağlayacak.

Doğru zaman, doğru yer yoktur. Doğru karar da yoktur.

Bütünlüğü olanlar vardır.

Ne mutlu bunu anlayana...

✓Bilinç ve özdeşleşmek arasında nasıl bir bağlantı var?

Mesela iyi insanım dersen bir sürü problemle karşılaşacaksın.

Kötü insanım dersen bir sürü iyi insanla karşılaşacaksın.

Her şeyi keşfedip yaşayacaksın. İnsan her şeyi yaşıyor. Ama içinde korku ve endişe yoksa; içerisi temiz ve berraksa eğer, tabii ki hayatın daha farklı olacak. O yüzden diyorum ki özdeşleşme, çünkü özdeşleştiğinde yaşayamıyorsun, yani bilinçli değilsin...

Çayın sıcak olduğunu bilip içtiğin zaman çayı içebiliyorsun ama çayın sıcak olduğunu fark etmeden içersen ağzın yanacak, çayı hissedemezsin o anda...

Sadece sıcaklığı hissedersin, ağzının yandığını hissedersin. Ama çayın sıcak olduğunu bildiğin zaman çayı da hissediyorsun, sıcaklığı da hissediyorsun.

Hayat işte öyle bir şey... Bilinci engelleyen özdeşleşmek.

✓*Gerçek anlayış ve keşif ışık hızıyla mı mümkün?*

Bir insanı ışık hızına koyarsan, hiçbir parçasını bulamazsın, katı bir madde ışık hızına ulaşamaz, ışıkla her hücresi yayılır gider. Einstein, Özel Görelilik Teorisi'ni formüle etmek için ilginç bir yöntem kullandı: Evreni, bir foton'un gözlerinden görmeye çalıştı. Fark etti ki, işler bir foton'un gözünden çok çok farklıydı... Örneğin eğer ki bir foton'sanız, zamanın sizin için hiçbir anlamı yoktur. Var olan her şey, bir anda var oluyormuş gibi gelir... Diyelim ki 4 milyar ışık yılı ötede bulunan bir yıldızda üretilen mutlu, küçük bir foton'sunuz. Biz de aynen olduğumuz gibi Dünya'da bulunan kişiler olalım. Bize göre sizin gözümüze ulaşmanız tam 4 milyar yıl sürmüştür. Çünkü o yıldızdan çıkıp bizim gözümüzün retinasına düşmeniz için 4 milyar yıl boyunca yol almanız gerekir, aradaki mesafeyi kat etmek zorundasınız. Öte yandan bir foton olarak sizin gözünüzde işler başkadır. Siz, bir anlığına yıldızda var oldunuz ve aynı an içerisinde bizim gözlerimizin içine ulaştınız. Hiçbir zaman geçmedi. Doğumunuz ve ölümünüz aynı anda oldu. İnsan öldüğünde cesedi kalıyor ama ışık hızında çözülüyor.

***Anlamanın vermiş olduğu coşku ve heyecanı yaşa. O anı yaşamanın keyfi çok daha büyük.** Sevgi çok büyük bir şey. Boşluğun tamamı "full" sevgi. Enerjinin tamamı sevgi. Herkesin istediği o zaten. Ve insan sevgi dolu oldukça hep yaşamak ister.*

✓Live Alive içindeki dokunulmazlık nedir?

Akşam dilenciliği sabah krallığı birbiriyle mukayese etmeden tam yaşadığında ikisi de müthiş bir keşif olur.

Maksat dokunulmaz olmak...

Live Alive'ın bütün özelliği senin dışarıdan ya da içeriden dokunulmaz olmanı sağlamak. Live Alive içinde olana problemlerin gelmesi gayet normaldir. Zenginlik olan bir yere saldırı da olur, çok normal. Işığı açarsan sinekler gelir. ***Kötülük ancak ve ancak, kırılmazlığın kırılır hale geldiğinde kazanır.*** *Dışarıda ne kazandığının veya kaybettiğinin bir önemi yok. İçsel dünyanda, gelen saldırılarla kırılgan hale gelirsen artık Live Alive içinde değilsin demektir. O zaman kötülük kazanmıştır gerçekten. Ama gelen her kötülük dokunulmazlığını bir kez daha ispatladıysa hep kazanırsın.*

Her zaman kazanan ol!

Kazanan olmak demek, dışarıda kaybetmiş veya kazanmış gibi görünmen değil, iç dünyanda kaybetmemiş olman demektir. Bunun sonucu dış dünyada hep kazanırsın.

✓Nasıl değişebilirim? Değişmek, dönüşmek, transform olmak ne demek?

Alan senin yaşadığın dünya.

Çevren, işin, yaşadığın yer, tüm dünyan...

Hepsi alan...

Alan bir bölge...

Maddede değişiklik yapamazsın. Boşluk oluşmadıkça değiştirilemez. Her şey boşluktan var olur. Alanı var eder, alan da maddeyi... Düşüncelerin geçmişteki hafızan. Madde ancak beynindeki düşüncelere göre hayatını devam ettirebilir. "Dream" (düş) bir düşünce değildir. "Dream" boşluktan gelen bir şeydir. Madde sadece keşfeder. Boşluk olduğunu anladığın zaman, şu anki madde halinden değişmek veya dönüşmekle ilgili bir korkun kalmaz.

Alan transform olmaz, boşluk yeniden bir alan yaratır. Sen madde olarak transform olmayı yaşıyorsun. Farkındalık bilincin oluştuysa o zaman madde olarak transform olmayı anlarsın. Madde eğer farkındalık bilinci içerisinde olursa, artık o maddeyle bir özdeşleşme içinde olmadığından dolayı transform olmayı anlayabilir ve transform olabilir. Ama maddeyle özdeşleştiğin sürece artık orada boşluk yok. Transform olman da mümkün değil. Sen sadece hayatının değiştiğini düşünebilirsin ama esasında bir şey değişmemiştir.

Herkes kendi dünyasını, kendi alanını yaşıyor. Eğer farkındalık bilincini artırıp kendinle özdeşleşmezsen; o zaman milyonlarca alanda yaşayabilirsin. Ama bunları yapabilmen için çok geniş bir boşluğa ve o boşluğun içinde alanlara ihtiyacın var.

✓Hayatımı nasıl değiştirebilirim? Yaşadıklarımdan memnun değilsem ne yapabilirim?

Eğer sen yaşadıklarından ve kendinden memnun değilsen kendini değiştirme, boşluğa geri dön!

Boşluktaki sınırsız enerjiye döndüğün zaman, o boşluktan yeni yeni alanlar çıkacak. Bu alanlar yeni maddeyi var edecek.

Memnun olmadığın hayatı değiştiremiyorsun çünkü o maddesel şeye çok inanmış vaziyettesin. Çünkü o maddeden koparsan yok olacağına inanıyorsun.

Alanlar kesişiyor –buluşmalar gibi düşün. Sen benim bir alanımla buluştun ama milyonlarca alan var ve onların içinde buluşuyorsun. Ne kadar çok alanın varsa o kadar buluşman var demektir, çok büyük bir zenginlik. Bu çok büyük bir güç. Sınırsız ve içsel bir şey. Ama insan gücünün farkında değil, bir şeylere sığınarak kuvvetli olmaya çalışıyor.

Kişiyi kuvvetli yapan nedir? İnsan eşle, parayla, unvanla kuvvetli olacağım diye düşünüyor. Bunların birine kavuşunca da kaybetmemek için tutunmaya çalışıyor. Çünkü onu var eden şeyin o olduğunu düşünüyor.

Halbuki onu var eden şey neydi?

İnsan her daim değişmek ister ama hiçbir zaman kimin değişmek istediğinin farkında değildir. Asla vazgeçmeyin, başarırsınız söylemleri ile bir adım daha at ve dene. Sonunda tek başarı acı olacaktır!

Değişmek isteyeni fark et! İşte o gerçek bir dönüşümdür!

✓Güç ve kuvvet arasındaki fark nedir?

Türkçede güç ve kuvvet kelimeleri birbirinden farklı olarak kullanılmamaktadır. Aslında "kuvvet "dediğimizde kas kuvveti, para, asker, tanıdık, çevre, unvan, kariyer gibi elle tutulur, gözle görülür somut kavramlardan bahsediyoruz. Ancak güç soyut bir kavramdır. Güçlü birini, bütünsel bir lideri gördüğünüzde anlar ve hissedersiniz. Güçlüler içlerindeki yüksek enerji ile beslenen ve dışarıya bağımlı olmayan kişilerdir. Kuvvetli olanlar ise gücün ne olduğunu bilmedikleri için her zaman kendilerinde eksik bir şey olduğunu bilir fakat onun ne olduğunu anlayamazlar. Daha fazla para, daha fazla silah veya daha fazla kas yaptıklarında daha güçlü olacaklarını düşünürler. Ama ne yaparlarsa yapsınlar yeterli olamayacaktır. Güç; içsel dünyasını algılayan, kendini kavrayan, özgür, zeki bireylerin anlayabileceği bir olgudur. Güçlüler hiçbir zaman kuvvet arayışında olmazlar; bu yüzden de hiçbir zaman dış dünyaya bağımlılıkları olmaz. Aynı zamanda güçlü bireyler hiçbir zaman dış dünyadan veya insanlardan bir şey almaya çalışan ya da bir şey olmaya çalışan kişiler değildir. Bu yüzden güçlü olma kavramı anlaşılmalı ve gerçek zenginlik olduğu fark edilmelidir. Bu öyle bir zenginliktir ki sınırsızdır. Ve insanlık sahip olduğu ve her daim hakkı olanı unutup, limitli arayışların peşinde koşarak, kendisini ve hayatını harcamaktadır. Dünyamızın bütün sorunlarının kaynağı, kuvvet arayışı içinde olan bu bencil yapılar içerisinde var olmasıdır. Kuvvetli insanların en son ulaşacakları yer politika ve siyaset olacaktır. Bu yüzden de kuvvet arayışı içinde olan kişi hiçbir zaman dünyaya huzur getiremez. Unutmamalıyız ki bunlara oy verenler de kuvvet arayışındadırlar. Şimdi anlatabiliyor muyuz?

Güçlü insan içindeki sesi duyabilen kişidir. O ses ne bir öğretiden, ne eğitimden, ne de geçmişten gelmektedir. Bu tek başına (tek başına olmak yalnız olmak değildir) olanların duyabileceği bir sestir. O sesi duyduğun sürece güçlüsündür.

O ses sustukça, arayıştasın ve bağlanacak, sana destek olacak sesler arayacaksın. Şimdi kayboldun. Yolunu kaybetmiş bir yabancı gibi herkese soracaksın ve herkes bir adres tarif edecek. İşte bu durumdaysan dönüşü olmayan yollardasın. Hadi bir umut, yani yeni bir yalan, inanmak istediğin bir yalan: Köşeyi dönünce varacaksın...

✓Bilgi ve bilinç arasındaki bağı açıklar mısınız?

Bilimadamları Evren'in tamamının, uzayın tamamının bilinçli olduğunu bulmuşlar. Evren bilinçli bir varlık. Ve sen bu bilinçli yapıda olduğun sürece, madde ve boşluk arasındaki müthiş döngü devam etmekte. Madde hangi boşluğu yaşayacağını, boşluk hangi maddeyi yaşatacağını, yani birbirlerini biliyorlar. Yani zamansal düşündüğünde anlaşılması zor olabiliyor. Madde bir bilgi aracı. Siz ne yaşayacağınızı bilememekten korkuyorsunuz halbuki madde bir sonraki aşamada ne yaşayacağını biliyor aslında. Bilgi şu an boşlukta olduğu için sen boşlukla arandaki bağı kesmediğin zaman onu bilirsin zaten. Bu bilgi sonsuz zamanlarda olan bir şey.

✓*Boşluğun doğası nedir?*

Özgürlüğün temelini anlayabilmek için, kişi boşluğun ve alanın doğasını da anlamalıdır. Bu da Live Alive uygulaması ile gerçekleşir. Zihin, ancak tamamen boşsa dinginliğe kavuşur. Sonrasında; imgenin olmadığı bu boşluk, var olan alan içinde hareketsiz bir enerji oluşturur. Enerji artık bir yerlere yönelmediğinde, tamamı hareketsiz bir varoluşa dönüşür. Bunun sonucunda bir eylem olur. Aynı kaynayan bir tencerenin her yeri kapalı kaldığındaki patlaması gibi... İşte enerji alan içinde dağılmadığı ve dingin kaldığı anda, aynı bunun gibi bir patlama olur.

İşte bu da var etme ve var olma durumudur.

Kişi Live Alive üzerinde yoğunlaşırsa bu hakikati tecrübe edecektir.

Ve artık hiçbir şey eskisi gibi olmayacaktır...

Boşluk,

Senin olmadığın yer,

Düşüncenin olmadığı yer,

Sessizlik,

Bir es ver,

Hisset sonsuz boşluğu...

✓Özgürlük nedir?

İnsan her daim özgür olmak ister ve özgürlüğü dışarıda arar. Özgürlük; gündelik var oluş, rutin eylemler, kısaca düşüncenin sınırlı yapısı içinde kesinlikle oluşamaz. Özgürlük seçim yapmaya ihtiyaç duymadığımız, seçimsiz, bölünmemiş farkındalığımızda yaşanandır. Bazen o sınırlı yapıyı hayallerle veya çeşitli keşiflerle genişletsek de o yine de özgürlük olmadığı gibi özgürlüğü anlaması da mümkün değildir. Sınırlı, limitli ve zaman içindeki beynimiz özgür değildir ve özgürlüğü de anlayamaz. ***Kontrolün sizde olduğunu düşündüğünüz her aşama aslında özgür olmadığınızın net kanıtıdır.***

Nedensiz olma halindeki her an özgürlüktür. Şimdi sormayın "Nasıl?" diye! Özgür olmadığını bilmek, aynı zamanda çözümü de bilememek içinde çözümü barındırır...

✓*Ayrılıklar ve değişiklikler iyi midir?*
Ama çok üzülüp, yıkılıyoruz...

Sanırım ayrılık ve değişiklik dediğinizde ilişkileri ve dış dünyada yaşadıklarınızı kastediyorsunuz. Değişimi tanımlamanız ise yine dışarıdaki değişimlerle ilgili öyle değil mi?

Dış dünyada başarılı ve mutlu olabilmek için güçlü bir iletişim gereklidir. Bu doğrudur. İnsan biriyle tanıştığında, o kişi ile ilgili bir imge ve sıfat oluşturur. Aslında beğendiği o kişi değil, kendisinin yaratmış olduğu imgeler ve sıfatlardır. İnsan bu imgeler ve sıfatlar içerisinde uzun bir zaman kendindeki ve dışarıdaki gerçeği görmekten kaçar. Yaratmış olduğu bu ilişki aslında bir illüzyondur. Sonra kişi zamanla mukayeseye başlar. Kendi yaratmış olduğu o kişi hakkındaki özellikler, imgeler ve yaşadıkları arasında bir ikilik oluşturur. Bu ikiliğin başladığı yer aslında ayrılığın da başladığı yerdir. Zaman içinde bu mukayese yerini çatışmalara bırakır ve sonunda çoğunlukla bir ayrılık oluşur. Fakat bu ayrılık hiçbir zaman bir oluşum ve değişim yaratmaz ve ayrılıkların asli nedeni görülemez. Tartışmaları, farklı bakış açıları, değiştirdiğini sandıkları diğer olgulardır.

Acaba kişi gerçekten özgür bir iletişim kurabilir mi?

Özgür iletişim her görüşmenin sonunda ayrılmakla mümkündür. *Bu ayrılık o kişi ile aranızda o anda yaşamış olduğunuz saf ve temiz iletişimin, aynı anda sonlanması anlamına gelir. Bütün yaşananları o anda bitirip, o anda ayrılırsanız ve hiçbir şeyi taşımazsanız, o zaman beyninizde onunla ilgili bir imge, bir sıfat ve karakter oluşturmuş olmazsınız. İşte böyle bir ilişki özgür bir ilişkidir ve her buluşma içinde müthiş bir keşfetme aşkı yaşatır...*

Keşfetme, anlama ve özgürce iletişimde olma... Bunun içindeki zenginliği görebiliyor musun? Eminim beynin bunun imkânsız olduğunu söyleyecek. Çünkü bu beyin tarafından algılanabilecek bir şey değildir. İletişiminizi, sezginizle ve içsel bütünlüğünüzle yargısız bir anlayış içinde oluşturabilirseniz, bu iletişim son derece verimli, doğru ve etik bir iletişim olur. Bunun mümkün olup olamadığını düşüneceğinize; böyle bir iletişimin gerçekleşmesi durumunda hayatınızın nasıl olabileceğini düşünürseniz bence çok daha etkili olur. Bu konuşma ancak sezgisel zihin tarafından algılanabilir. Sezgilerinizi aktive etmeden hiçbir şey anlamanız mümkün olamayacaktır.

Biliyorum beklediğin cevap bu değildi...

Daha basit, yüzeysel, dışsal bir cevap bekliyordun.

Ama ne yazık ki Live Alive içinde olan için yüzeysel, standart ve rutin bir yaklaşım olamaz. İşte şimdi, şu anda bunu anlamamız, sevgili dostum, işte bu değişimdir.

Ve şimdi değişmiş olurdun...

Ama anladıysan;

Bu değişen sen, bu değişen seni taşımazdın.

Ve değişim her daim devam ederdi...

✓Farkındalık bilincimi nasıl artırabilirim?

Bağlandığın şeylerin seni yönettiğini anladıkça yavaş yavaş özgürleşmeye başlayacaksın.

Yargılama devam ettiği sürece ise sıkıntı da devam edecek.

Yargılamayı durdur...

Yargılayanı da fark et!

Bu milyonlarca yılın, milyarlarca insanın problemi...

Kendini yargıladığın zaman ise orada bir arzulama var.

Şu an yaşadığın acının zıttı olanı arzulamayı doğuruyorsun.

Bir acı yaşadın; oradan bir arzulama oluşuyor.

"O zaman ben buna ulaşayım."

Özgürlük; arzulama ve istekle ulaşılacak bir şey değil.

Özgürlüğün zıttı da yok esasında. Özgür olmayan diyemezsin.

Sevginin zıttı yok, sevmeyen insan diyemezsin...

İçsel olguların zıttı yok, beyinsel şeylerin zıttı var.

Şimdi, içsel olarak anladığında, zıtlık olmaması gerekir.

Mukayese etmediğinde zıttı yoktur.

Şimdi şu anda hangi ruh halindesin? Farkında ol!

Ama değiştirmeye çalışma, bu içsel çatışmayı artırır.

Ancak, farkında olduğunda içsel ve dışsal olarak ne yapmaman gerektiğini bilirsin. Bu, Bilinçli olmaktır.

Farkında olmak bilinçli olmaya giden kapının aralanmasıdır. Fakat kişi bilinçli olduğunda artık farkında olmaya ihtiyacı yoktur.

Farkında olmak demek, kendinin farkında olmak demek; şu anda bilincini kaybettiğinin farkına varmak demektir. ***Bilinçli olsaydın farkında olmaya ihtiyacın olmayacaktı.*** *Bilinçli olmadığın için farkındalığa ihtiyacın var. Şu anda kim olduğunu anlasaydın, biliyor olsaydın, farkındalığa ihtiyacın olmayacaktı. Ne zaman ki kendini kaybettin, dış dünyaya veya düşüncelere kendini kaptırdın ve o labirent içinde yok oldun; işte o zaman farkındalığa ihtiyacın var.*

Şu anda kim olduğunu, yani bilinçsiz olduğunu anlamana... Ve kalben isterim ki farkındalığın bilince açılan bir kapı olduğunu anla ve bir kere o kapıdan gir... O zaman artık Live Alive içinde, insan olursun... Ne güzel bunu fark edene. O eylemlerini ve kendini bilendir.

✓*Live Alive'ı iş dünyasında nasıl uygulayabilirim?*

İnsan neden çalışır? İş dünyası neden vardır? Kişi üretmek ve var etmek için var olur. Bunun için yapılan eylem çalışmaktır. Üretmediğinizde yok olursunuz. Üretmek için kişinin özgür olması gerekir. Patron olsanız dahi bu özgür olduğunuz anlamına gelmez. Özgür olmak için kişi bağımlılıklarından özgür olmalıdır. Bu yüzden para ve hatta başarıya olan bağımlılık özgürlüğünüzü engeller ve geriye korku kalır. Kişi olmayana ulaşmak ve olanı kaybetmemek için çalışır. Bu durumda yeni, özgür bir düşünce ve eylem oluşamaz. İnsan çalışmanın özünü kaybeder.

Sonuç: Çalışmak köleliğe dönüşür. Bu da günü kurtarma kavgasıdır. İster patron, ister işçi, ister memur olun özgür birey çalışırken de özgürdür!

Şimdi düşünün iş dünyası neden bu kadar negatif. Çünkü insanın en kolay ürettiği budur. İnsan içsel dünyasını fark etmediği sürece dış dünya ona devamlı öğretir. Bunun için iş dünyası gereklidir. İnsanın kendini ve iç dünyasındaki gelişimlerini anlaması için iş dünyası önemli bir araçtır.

Ancak biz ne yazık ki araçlarla amaçları karıştırdık. Araçları amaç haline getirdik. İş dünyasını önemli yer, en önemli amaç; kendimize ayırdığımız zamanları ise boş zaman olarak değerlendirdik. Bu yüzden Live Alive'ın başarısı iş dünyası, özel hayat, iç dünya ve dış dünya denen kavramların hepsini birleştirmesinden kaynaklanır. Live Alive içinde olan için çalışmak diye bir şey yoktur. O, yaratmak ve keşfetmek için iş dünyasını bir araç olarak kullanır. Peki, bu arenada başarının ölçüm sistemi sizce ne olmalıdır? Sonuçlar size bir şey ifade etmez. Bugünün iyisi, madde dünyasında yarının kötüsü olur. Sonucun bir önemi yoktur.

Tüm dünya ve iç dünyanız size saldırdığında; göstermiş olduğunuz tepki ve reaksiyon sizin kim olduğunuzu ve başarınızı ortaya koyar. Bu dünyanın liderleri, iş dünyasının peygamberleri olun. Dokunulmaz olun. Sorunlar karşısında keyif alarak çalışın, iş dünyası savaşlarında bütün oklar size saplanmış gözükse de, bir damla kan ve acı olmasın. Siz bütünlüğünüzle bakın ve hiçbir çözümünün olmuş ve olan dış dünyadan gelmeyeceğini bilin.

Live Alive bu konuda her an size sizden yakın...

Kim olduğumuzu anladığımız en iyi yer, en iyi saha iş dünyasıdır.

İş para kazanmak için olsaydı kolaydı,

İş kariyer için olsaydı kolaydı,

İş sen olduğunda işte orada Live Alive olur!

Kendini aştığında iş dünyasına ihtiyaç kalmaz, işte o zaman tüm işleri delege et...

✓*Ekonomi nedir?*

Ekonomi dışarıda oluşan bir şey değildir. Ekonomi arz talep ve imkânları sınırlı kullanmak hiç değildir. Ekonomi sınırsız varlığınızın, yaratılan bir alandaki maddeleşmiş halidir. Ekonomi varlığını anlama halidir.

Olmak ekonomiyi var eder; yokluk ise sadece yokluğu... *Her şey zamansız oluşunuzda var olmuştur. Ve var olmaya devam edecektir.*

Tek fark, var edilen için ekonomi krizdir, fırsattır.

Olan için ekonomi var ettiği döngüdür.

Ne güzel Olana ve Olduğunu anlayana...

✓Çalışmak istemiyorum ama çalışmak zorundayım, ne yapabilirim?

İnsan, çalışmak için birçok nedeni olduğunu düşünür ki haklıdır. Ancak gerçek çalışma; kişinin yaratması, yarattığını keşfetmesi ve var etmesidir. Bu, insanın kendini anlaması için de en doğru yol, müthiş bir heyecan ve keyiftir. İnsan bu farkındalığa ulaştığında artık çalışmıyor, yaşıyordur...

Bu Canlı yaşamak, canlandırmaktır.

Çalışmak ve siz bir bütünsünüz. Çalışma eylemini sizden ayrı olarak düşünmeyin. Bu enerjinizi böler, bunun sonucu mutsuz ve başarısız olursunuz.

Çalışmayı eğlenceli bir keşif, hedefinizi gerçekleştirmeyi kendinizi anlamak, her sabah işe gitmeyi iradenizin gücü, insanlarla iletişimi de bilinmeyen yönlerinizi öğrenmek için kullanın.

İş, işten daha önemlidir. Çünkü o siz olmadan var olamaz.

Kimler kazanır bilir misiniz? Tabii ki biliyorsunuz.

Her türlü olumsuz duruma rağmen başarıyı hak ettiğini düşünen ve bundan bir adım dahi gerilemeden savaşmaya devam eden canlı kişiler.

Bu düşünceyi her an yenen sen, başardın işte! Bu içsel oluşum, dışsal olarak da görünmek ve maddeleşmek durumunda...

Şimdi karar ver!

Yendin mi içindeki düşmanı?

İşte kazandın.

Bunun etkisi dış dünyada çok büyük olacaktır...

✓ *Liderlik nedir?*

Liderlik için birçok tanımlama yapıldı. Bunları hep lider olmayan kişiler yaptı. Sonuç olarak tüm dünyada siyasetten iş dünyasına bir elin parmağını geçmeyen kişilerden öteye gidemedik. Bu vizyonsuz liderlik yapısı, şirketlerden hayatlarımıza kadar her yerde; şu an yaşanan kısır-döngüleri ve günlük hayatta kalma olarak görülen labirentleri oluşturdu. Şimdi ne yapacağız? Bundan biz sorumluyuz. Bu hayatlardan ve dünyamızdan sorumluyuz. Evet, şimdi ne yapacağız?

Liderlik; zor zamanlarınızda içsel dünyanızdan dışarıdaki eylemlerinize kadar, içsel olarak çözümün sen olduğunu ve kimseden yardım beklemediğini fark ettiğin an itibariyle; içinde huzurla beraber oluşan müthiş enerjiyle var olan eylemlerinizdir. Bütünlük ve liderlik aynı kelimedir.

Çözüm olun, birleştirici olun...

Dış dünya, işleriniz, hayatınız sizden emir bekler, yönetim bekler, liderlik bekler. Kendinizi dış dünyaya ve problemlere kaptırmayın. Ne zaman kendinizi kaptırdınız; gölgeleri, yansımaları kendinize patron yaptınız; işte o an kayboldunuz!

Bilirim zordur kendini yönetmek ama yönetmezsen sen dahil her şey yıkılır; ama her şey.

Karar ver; Karar seni Canlı ve Yeni yapar.

Karar ver; Kim Olmadığına...

✓*Hedeflerime ve isteklerime nasıl ulaşırım?*

İnsan kendisine önemli hedefler koyduğunda; her türlü içsel ve dışsal saldırılarla karşılaşır. ***İçinizdeki ikiliğin, tembelliğin, alışkanlıkların, rutinlerin ve en önemlisi önyargıların ve negatif duyguların yoğun bir saldırısına uğrarsınız.*** *Bu, kendimizle yürüttüğünüz en önemli mücadeledir. Kendinizi yenmeden, dış dünyayı yenemezsiniz. Bunun için farkındalık bilinci içerisinde olmalı ve bu savaş için ön ödeme yapmalısınız.*

Bütün dikkatinizi kendinize ve hedefinize vermeniz; işte bu başarıdır... İradeli ve Bilinçli olanlar ve ön ödemeyi yapanlar kesinlikle kazanmıştır.

Harici hayat iyi ve zor yanları ile müthiş tuzaklarla doludur. Kendimizi kaybettiğimiz anda yarattığımız dış dünya bizi anında içine çeker. Bilinç yok olur. Siz yok olursunuz. ***Kendinizi kendinize vermeden, eylemlerinizde farkındalık geliştirmeden ve düşüncelerinizde Live Alive olmadan başarılı olmak zordur.*** *Hepiniz hayatınızda bunları yaşadınız ve bu yüzden burada buluştuk. Uygulamaları bırakmayın. Başarısızlık yoktur, sadece vazgeçmek vardır.*

✓Hep kazanmak ve başarılı olmak mümkün mü?

Bugün, şimdi mutluluğu ve başarıyı dışarıda aramayın. İçinizden korkuyu ve endişeyi sildiğinizde mutlu ve başarılısınızdır. Ancak bunun olması için sevginizin ve sorumluluğunuzun farkına varın. Onu yüceltin, büyütün. Bu sayede korku ve mutsuzluk yok olur. Bunun sonucu dışarıdaki eylemleriniz başarılarınızı toplamak üzere oluşur.

İnsan hayatındaki en tehlikeli olay hareketlerimizi alışkanlık içinde yapmaktır. Özellikle çalışma hayatını rutin içinde bir alışkanlığa bağladıysanız bilinç yok olur ve orada siz yoksunuz, ruhunuz yok olur. Bu durumda başarılı bir hayat ve iş dünyası oluşamaz. Kendinize olan sorumluluğunuz bilinçli olarak eylemde olmaktır. Şimdi şu anda hazır ol, hazır olmak bilinçli olmaktır. İşte bu başarıdır.

Ne zaman vazgeçtiniz, işte o anda kaybettiniz. Ne zaman olmuyor, olmayacak dediğiniz bütün o düşüncelere yenilmediniz ve bir kahraman gibi devam ettiniz, işte o anda kazandınız... Şimdi kazanma zamanı. Kararınız kazanmak olsun, eylemleriniz kazanmış bir komutan gibi olsun, ne olmak istiyorsanız, eylemleriniz bu yönde kazanmış bir savaşçı gibi olsun. İşte bu savaşmadan kazanmaktır! Haydi, kendinizi yenin. Dış dünyadaki zafer için kendinizi yenin. Kendini yenmek kazanmak demektir. Kazanmak için savaşmayın, sadece kazanın. Bu sizin doğal haliniz olsun. Tüm endişelerinizin ve düşüncelerinizin farkında olarak yaklaştığınızda ve size faydası olmayanları kullanmadığınızda, çatışma olmadan kazanırsınız.

✓Ön ödeme ne demektir?

İnsan hayatında her zaman bedel öder. Farkında olarak ödedikleri, kendisini var eden düşleri içindir ve bu ön ödemedir. Bu ödeme hiçbir zaman bir bedel gibi görünmez.

Ön ödeme kendine yatırımdır. Ön ödeme yapmayan her zaman daha fazlasını ödeyecek ve bu çok acılı olacaktır. Kendinin ve düşlerinin farkında olan, bu yüce kavramı şükürle karşılar...

✓Kapasitem bir yere kadar, mutlaka değişmeli miyim?

İnsanın söylediği en büyük yalan limitli olduğudur. En büyük suçsa bu yalanını diğerlerine aktarmasıdır.

Özgürlük bu yalandan kurtulmaktır.

"İnsan değişmez" diyen ve değişime direnmeyi karakter sanan, sizlerin de değişimini engelleyen bu varlıklar gerçek teröristlerdir. Çünkü korkak ve rutini koruyan varlıklarız. Ve kendimize yeni bir yalan daha bulduk, buna da düzen dedik. Şimdi bu düzeni yavrularımıza vermek istiyoruz. Bir düşünün, benimle aynı fikirde olmayın, ama en azından düşünün... Çünkü düşünce limitlidir. Sonuç, insan düşünen bir varlıktır!

✓*Kendini sevmek ego mudur?*

Kendini sevmek ne demek sorusunu sormadan önce insanın sevginin ne olduğunu anlaması gerekir. Sevginin bir düşünce olmadığını ve içsel dünyamızdan kaynaklandığını daha önce konuşmuştuk. Peki ego? İçsel dünyamızdan mı yoksa beynimizden gelen bir oluşum mudur?

Ego bizi hem negatif hem de pozitif yönde etkiler. Bu bazen iç diyaloglarda "Sen süper bir insansın, bunları hak etmiyorsun" yönünde gelişir, bazen de "Ben zavallı bir insanım, bütün dünya beni anlamıyor" şeklinde olabilir. Ego seninle dış dünya arasında bir ikilik yaratırken aynı zamanda bu ikilik egoyu daha da besler ve kalıcı hale getirir. Kişi bir şeyi anlamalıdır ki ego düşüncenin eseridir. Yani düşüncenin olduğu yerde ego her zaman için kendisine bir yol bulacaktır. Düşüncenin olduğu yerde sevginin olmadığını beraberce anlamıştık. O zaman fark edebiliriz ki kendinizi seviyor olmanız, bunun sonucu olarak da bütün eylemlerinizi seviyor olmanız hiçbir şekilde ego ile ilgili değildir. Kişi kendisini sevemediği ve anlamadığı sürece hiçbir zaman için eylemlerini ve dış dünyayı sevmesi de mümkün olmayacaktır.

Eminim ki bu konuşmamız sonunda bir şeyi ciddi derecede fark ettiniz. Egonun iyi mi yoksa kötü mü olduğundan daha da önemli olan egonun olduğu yerde sevginin var olamayacağını anlamış olmanızdır. İkisi hiçbir zaman için aynı düzlemde buluşamazlar. Bu yüzden kendini sevmek ego olamaz. Egonun olduğu yerde neden sevgi olamaz diye sorarsan, cevabı bir kez daha üstüne basarak söylemek isterim ki egonun olduğu yerde korku vardır.

Sevginin olduğu yerde ise korku yoktur. Sevgi vermektir. Yorum yapmaz, yargılamaz. Ego acılara suçlu arar veya haksızlığa uğradığını; bu haksızlığı hak etmediğini söyler durur. Ego ise pansuman gibi sizi avutur.

İnsanın hak ettiği nedir?

Burada da önemli bir fark vardır.

Hep acı ve hırs içinde olduğumuzu anlamak; bütün sorunların ana nedenini bulmak için gerçekten ne yapıyoruz? Tembellik mi ediyoruz yoksa farkında olmadan korkularımızla yüzleşeceğimizi anlayıp kaçıyor muyuz?

Bilsen ki bunlar hayatın ta kendisi ve ana sorumluluğumuz...

Şimdi, evet, tam da şimdi ertelemezdin!

Ve bu konu üzerine dikkatini verirdin!

✓Nasıl güvende olurum?

İnsan doğası gereği kendine güvenli bir yapı kurmak ister. Nedir güven? Rutin olan güvendir. İster mutlu olun ister mutsuz. Eğer düzenli bir biçimde her gün aynı şeyi yapıyorsanız beyin kendini güvende hisseder. Bilir misin en güvenli yer neresidir? Tabii ki mezarlıktır... Yani insanın yaşam dediği, kendisine kurduğu bu hayat... Canlı olmak, rutinin kırıldığı; yani mezarınızdan çıktığınız yerdir. Bu yüzden de bizim zorluk dediğimiz rutinin kırılmasıdır. Rutinin her kırıldığı yerde, yeni bir doğum vardır, bu yüzden yaşam ve ölüm gün içinde her an oluşmaktadır. Yaşadığınızı yaşarken taşımamak, o anda sonlandırmak ve yenisine kapı açmak, Canlı Yaşamın anahtarıdır.

Canlı yaşamın oluşması güven arayışının sonlanmasıdır.

Bu doğru sebeple sorulması gereken soru canlı olup olmadığınızdır.

✓Çok uğraşıyorum ama olmuyor. Nasıl yapacağım?

İnsan hiçbir zaman gerçeği; olanı görmek istemez. Hep olmak istediğini görmek ister. Gerçeği görmeden ve anlamadan, hep ileride olduğunu düşündüğü ve kendinde var olmadığına inandığı bir hedef, bir amaç belirler. Bu yönde hep bir değişim arzusu içinde olur. Bunun yarattığı ikilik içinde çatışmacı bir ruh hali oluşur. Bu bölünme; ikilik ve çatışma sendeki tüm enerjiyi alır. Ve değişim dediğine ulaşman imkânsızlaşır. İkiliğin oluşturduğu zaman üzerindeki baskıyı artırır. Ve sonuç... "Çok istedim, çok uğraştım ama devamlı engeller çıktı" söylemleri ile elinde tek kalan, kızgın sen! Tek kazandığın kızgın sen.

Böyle olmadı mı?

Şimdi olana-olduğuna; yorumsuz ve yargısız, negatif ve pozitif olmadan tüm gerçeğe kendini ver. Gerçeği görmeden ve anlamadan, aydınlık oluşmadan, her şey anlamsız bir çaba ve uğraşı olacaktır.

Değişim, bir yere ulaşma, olma hedefleri, arzuları... Bunlar ortadan kalktığında değişim dediğin kendiliğinden oluşacaktır.

Nasıl diye sorma?
Nasıl diye soranı anla, tanı, fark et.
Sevgiye uğraşarak, koşturarak ulaşılamaz.

✓Her şeyim mükemmel olsun istiyorum, nasıl yapabilirim?

Mükemmellik bütünsellikten gelir. Unutmayın siz mükemmel olmadan; mükemmel ev, mükemmel eş, mükemmel iş, mükemmel hayat da olmayacaktır.

Mükemmellik, eksiltecek bir şey kalmadığında olandır.

Çünkü mükemmellik yükselmektir; sıradanlık yataydır.

Eleyin, azaltın, çıkartın işte o anda yükselirsiniz.

Sorun mu var?

Hemen yüksel, şimdi!

Nasıl mı?

Nasıl diye sorandan kurtularak...

✓Problemlerimi nasıl çözebilirim?

Bir sorun veya bir problem ile karşılaştığınızda, onu çözmek birinci hedef olur. Ve bu, stres ve gerginlik yaratır. Konunun aslını kaçırırız. Tabii ki bir sıkıntı varsa çözülmeli...

Ancak önemli olan kimin çözeceğidir.

Yani kendinizi çözmeden, sorunu çözemezsiniz.

Live Alive ile, olayla aranızda bir boşluk oluşturmadan soruna dikkat kesilirseniz sorun sizi yutar. Siz, sorun olursunuz. Bilincini kaybetmiş ve kendini yok etmiş bir durumdaysan sorun çözülmez olur. Ve kendinize sorundan daha büyük bir problem yaratmış olursunuz.

Kendinizi koruyun...

Boşluk ve Alan sizin hazinenizdir.

Tek hazine budur.

Sahip çıkın!

✓*Hiçbir şey istediğim gibi gitmiyor, ne yapmalıyım?*

Hayat bazen çok zorlar, istedikleriniz olmaz. Ve insan negatif oluşumun içine düşür. Düşünce çoğalır ve kişi kendine olan güvenini kaybetmeye başlar. Rahatlamak için dışarıda suçlular bulur. Şimdi, bu anda farkında olun. Negatif ve başarısız düşüncelerin sizi etkilemesi gerçek başarısızlıktır. Buna izin vermeyin. İşte Live'ın anlamı budur. Canlı yaşa Canlandır! Şimdi canlan, işte başarı budur. Haydi derin bir nefes al ve hedefine konsantre ol. Ya şimdi ya da sonsuza kadar. Şimdi karar anı!

Ne zaman olayların istediğin gibi gitmediğini düşündün, o an hiçbir şey yapma. Hiçbir şey düşünme ve düşüncene eylem katma. Tam o anda Live Alive içinde ol. Sen bir şey yapmadığında dışarısı da durulacak. Tecrübe edin ve deneyimle. Sen hazır olana kadar bütün dünya da hazır olmayı bekleyecek. Kolay değil, ciddi bir çalışmadır. Aksi halde senin bölünmüşlüğün bitmek bilmeyen yanlışları, kazaları ve kötü olayları oluşturacak.

Şimdi, hayatınızdan memnun değilseniz hayatınızı değiştirmeyin, düşüncelerinizden memnun değilseniz düşüncelerinizi değiştirmeyin, kendinizden memnun değilseniz kendinizi değiştirmeyin!

Sizi var eden müthiş enerjinizi fark edin. İşte onu bütün benliğinizle yaşadığınızda; bu bilinç sizi, düşüncelerinizi ve tüm hayatınızı hatta dünyanızı değiştirecektir!

İşte bu yeni... Kutlayın ve paylaşın...

✓*Çözüm?*

İnsan bir labirent içinde, enerjisini her daim gereksiz yere harcar. Duvarları görür, ilerideki dönemeci de görür... Ya oranın çözüm olduğunu düşünür ya da çözüm arayışını sürdürür. Bu bizim yetişme tarzımızın ve beynin geçirdiği binlerce yıllık evrimin sonucudur. Bu evrimleşme, yaşanan korkulardan devamlı kaçış üzerine kurulan ve hayvansal dürtülerin sonucu gelişen alışkanlıklarımızı yaratmış ve refleks içeren eylemlerimizi oluşturmuştur. Çözüm isteyen egonun ve hırsın sonucu da gözlemcinin yaşadığı suçlamanın getirdiği pişmanlıklar olmuştur. Bu döngü insanın karmasıdır. Bu durumu devam ettiren ise aslında yaşıyor gibi görünen ölüdür. Bu oluşum acı doludur. Bu oluşum ölüdür. İnsan, anlama kapasitesine ulaşmak için tüm enerjisini ve tüm varlığını buraya vermelidir. Tam ve bütün olarak anlama isteği, yorumsuz ve yargısız tam anlama isteği bizdeki durumu anlamlandırır. İşte bu anlam ve anlama, değişimdir. Ve yaşadığımız labirentin ve döngünün sonudur.

İşte *Live Alive* sizin bütün yanlışlarınızı hayvansal duygularınızla yaşadığınızı aktarır, *Live Alive* içindeki duygu ise bilinçli bir varlığın farkında olarak yaşadığı ve yaşattığı bir oluşumdur.

Şimdi karar vermelisin; hayvansal dürtülerinde duygusallık dediğin ve kendini insan yerine koyduğun bir yaşama mı devam edeceksin? Yoksa şimdi şu anda gerçek bir değişim göstererek duygularının seni yönetmediği yepyeni bir hayata mı geçeceksin?

Neleri bırakabildiğinize şahit olduğunuzda,
İçsel beslenmeye ve dışarıdan alınacak bir enerji olmadığına şahit olduğunuzda,
Kendinizi ve gücünüzü yeniden hatırlarsınız...
Kim olmadığınızı fark ettiğinizde,
Eskiye ve bağımlılıklarına tutunanı, acı içindekini tam olarak bıraktığınızda,
Yeni bir oluşuma, yüksek güç ve enerji dolu yeni bir hayata başlarsınız...
Zekânız, bedenin ve beynin üzerinde...
Sezgileriniz aklın üstünde...
Enerjiniz huzur içinde...
Şimdi karar vermelisiniz, artık kim değilsiniz?

SON SÖZ

Sen hazır olduğunda bağır!

Birileri duyar kaçar; birileri duyar koşarak gelir...

Gelene sarıl,

Neyin var neyin yok; olan, olabilecek her şeyini ver.

Kaçanın peşinden koşma...

Köşede yorulur.

Orada buluş...

O zaman, ona da el ver, kalkamazsa sırtına al.

"Nasıl taşırım?" diye düşünme...

Seven ve sevgisini veren için o yük değildir.

Ey güzel *Live Alive* liderleri, işte bu bizim yolumuzdur.

Sinan Ergin'in ücretsiz eğitim videolarını izleyebileceğiniz YouTube kanalına abone olun.

https://www.youtube.com/c/livealive1

Yazara ulaşabileceğiniz iletişim adresleri:

www.sinanergin.com

Tel. 0850 202 52 02
info@sinanergin.com

instagram.com/sinanergins
twitter.com/sinanergins
facebook.com/SinanErginOfficial
linkedin.com/in/sinanergins/